SAT Spanish

Andrés Felipe Hensley, BS
Celina Martinez, BS

XAMonline

XAMonline, Inc.
21 Orient Avenue
Melrose, MA 02176
Toll Free: 1-800-301-4647
Email: info@xamonline.com
Web: www.xamonline.com
Fax: 1-617-583-5552

Library of Congress Cataloging-in-Publication Data

Martinez, Celina

SAT Spanish/Celina Martinez
ISBN: 978-1-60787-570-3

1. SAT 2. Study Guides 3. Language 4. Spanish

Disclaimer:

The opinions expressed in this publication are the sole works of XAMonline and were created independently from the College Board, or other testing affiliates. Between the time of publication and printing, specific test standards as well as testing formats and website information may change that are not included in part or in whole within this product. XAMonline develops sample test questions, and they reflect similar content as on real tests; however, they are not former tests. XAMonline assembles content that aligns with test standards but makes no claims nor guarantees candidates a passing score.

Printed in the United States of America
SAT Spanish
ISBN: 978-1-60787-570-3

Table of Contents

Meet the Authors

Andrés Felipe Hensley is from Colombia (South America), but he lived for many years in England because his father is English and his mother is Colombian. He is a professional of a B.A in modern languages and a specialist in Virtual Teacher program. He works as a language teacher and translator of Spanish and English and musician; he plays guitar and sings in the languages he teaches; he has written various stories and lyrics related to nature and love.

Celina Martinez is a freelance Interpreter, assisting people worldwide. Collaborating with different Companies and Universities since 2010. Celina also owns a Bachelor's Degree in Architecture by Instituto Tecnologico y de Estudios Superiores de Monterrey. She's currently living in Lake Buena Vista, Florida.

About XAMonline

XAMonline—A Specialty Teacher Certification Company

Created in 1996, XAMonline was the first company to publish study guides for state-specific teacher certification examinations. Founder Sharon Wynne found it frustrating that materials were not available for teacher certification preparation and decided to create the first single, state-specific guide. XAMonline has grown into a company of over 1800 contributors and writers and offers over 300 titles for the entire PRAXIS series and every state examination. No matter what state you plan on teaching in, XAMonline has a unique teacher certification study guide just for you.

XAMonline—A specialty CLEP publisher

In 2016 XAMonline specialized in CLEP products. We created both a full Spanish study guide and 5 individual sample tests, two of which we include with this study guide and all have the explanations to the answers. XAMonline has been in publishing for 20 years where our product line has been for teacher certification. If you can train the teachers it is a good sign we can help you too. To specialize in CLEP means you have access to the knowledge and frameworks and can write authoritatively to those standards and produce material that is not only helpful but useful.

XAMonline—Value and a successful future

We are committed to providing value and innovation. Our print-on-demand technology allows us to be the first in the market to reflect changes in test standards and user feedback as they occur. Our guides are written by experienced experts who are experts in their fields. and our content reflects the highest standards of quality. Comprehensive practice tests with varied levels of rigor means that your study experience will closely match the actual in-test experience.

SECTION I: Introduction

Chapter 1: Overview of the Test

Overview of the SAT Spanish Test

The Spanish Subject Test is a great way to highlight your knowledge of Spanish and demonstrate your interest in the Spanish language during the college-admission process. Doing well on the test, could also give you a head start in college by allowing you to fulfill basic language competency requirements or place out of introductory-level Spanish courses.

The test consists of 85 multiple-choice questions and you have 60 minutes to complete the test. The SAT Spanish test is offered in October, December, January, May, and June. If you want to take the Spanish with Listening test (a different test), remember that it's only given in November (and don't forget to bring a portable CD player with earphones).

What are the SAT Subject Area Tests?

The SAT Subject Area tests are designed to test your knowledge and problem-solving ability in greater depth in a specific subject. The College Board for SATs administers 20 subject area tests. The SAT Subject tests are additional admissions test that give you a chance to show your college admissions evaluators, that you are knowledgeable in a specific area. In particular, if you intend to major or minor in a subject area, then doing well on the subject area tests, showcases your credentials for the college.

For a list of all the subject areas go to www.sat.collegeboard.org.

Tuition at the average private college today is over $30,000 per year. Every course credit you earn will save at least $3000 plus living expenses. Your parents will love you for it.

Should you take the SAT Spanish Subject Test?

There are a few factors to consider as you decide when to take the test. You should have at least two years of strong preparation in the language, but the more the better. The college board recommends:

- 3–4 years of study in high school or the equivalent (two years for advanced students)
- Gradual development of competence in Spanish over a period of years

It's recommended that you take the Spanish test as close to the end of the most advanced Spanish class that you plan to take, while still balancing college admission and placement requirements. You're likely not to do as well if you take the test after you haven't been in a Spanish class for several months.

If Spanish is a strong subject for you, be sure it's one of the SAT Subject Tests you take in time for colleges to see your score. If you're only taking it for placement purposes, and not as part of your application, wait until you're as far along in your course as possible.

Why take the SAT Spanish Test?

The SAT Subject test is an opportunity to show the colleges you are applying to, that you know more about and better understand a specific subject area. It is not required that you take the SAT Subject Area tests for admission to college, however, if you have taken the three or more years of high school Spanish and are comfortable with the subject matter, then, it might be an easy test to take to add to your achievements.

While most colleges do not REQUIRE the Subject Area tests, several of them CONSIDER it for admissions and placement. Take a look at the test requirements for the colleges you are interested in applying to, and then decide on which SAT Subject tests will enhance your application. Another reason to consider the Subject Area test is that sometimes, you might be able to waive an introductory language or social sciences course, depending on your scores on the Spanish test.

In some cases, the SAT Subject Area test is considered as a replacement for an ACT test. So, as you get ready in your junior year to take the SAT, look at the admissions requirements for the colleges you might be interested in applying to, and see if there is a benefit to taking the SAT Spanish test.

What's the difference between the Spanish test and the Spanish with Listening test?

The Spanish test includes reading only—you read in Spanish and answer multiple-choice questions. The Spanish with Listening test given only in November also includes a listening portion—you listen in Spanish and answer multiple-choice questions. Although students report feeling more anxious about the listening portion, they also tend to do better on that part of the test. Plus, many colleges indicate the Spanish with Listening test gives them a fuller picture of your ability and may be more useful for placement purposes.

Which Spanish is used on the Spanish test?

The language used on the test is taken from pieces written and dialogue spoken by those who use Spanish in their everyday lives. Words or sayings specific to certain geographic areas (e.g., Mexico or Spain) will not be used on the test. If you've had at least two years of strong preparation in the language, then you should be able to understand the Spanish on the test.

"The man who doesn't read good books has no advantage over the man who can't read them."
—Mark Twain

I know and speak Spanish but have not taken classes in high school. Can I still take the Spanish test?

No matter how you acquired your knowledge of Spanish, it's important to show colleges what you know. Bilingual (or multilingual) abilities are achievements that deserve to be highlighted. Your test will be scored the same way as that of someone who learned Spanish in the classroom only.

If you've been exposed to a lot of spoken Spanish, then you should definitely consider taking the Spanish with Listening test.

If you'll be using these results to fulfill a college-admission requirement, you should be aware that different colleges have different policies regarding Subject Tests in foreign languages. You should check with the colleges that you're interested in about their policies and seek guidance from your counselor or teacher on your specific situation.

Please note that this test reflects what is commonly taught in high school. Due to differences in high school classes, it's likely that most students will find questions on topics they're not familiar with. This is nothing to worry about. You do not have to get every question correct to receive the highest score (800) for the test. Many students do well despite not having studied every topic covered.

Areas Tested in SAT Spanish

- Knowledge of words representing different parts of speech and some basic idioms within culturally appropriate contexts.
- Ability to select an appropriate word or expression that is grammatically correct within a sentence. One part of the test contains vocabulary and structure questions embedded in longer paragraphs.
- Understanding of such points as the main and supporting ideas, themes, style, tone, and the spatial and temporal settings of a passage. Selections are drawn from prose fiction, historical works, and newspaper and magazine articles, as well as advertisements, flyers and letters.

Content	Approximate % of Test
Vocabulary and Structure	33%
Paragraph Completion	33%
Reading Comprehension	33%

How the SAT Spanish Test is Scored?

The total score you can get for SAT Spanish is 800. The score range is from 200 to 800, and increases in 20-point intervals.

You will receive 1 point for each question you answer correctly. It's important to understand the ramifications of guessing on this test. If you answer a question incorrectly, then you will lose ¼ point for each wrong answer. If you skip answering a question, then you get 0 points for that question.

The raw scores are then equated to the 200–800 point scale. This ensures that different tests and scores of other students do not affect your score. It also means that you score is not graded on a curve (where the highest scorer gets 800, and the remaining get scores relative to that.)

Three types of scores are reported for the test you take. (1) Your score on the 200 –800 point range. (2) The average score based on the most recent tests in that subject area. (3) The percentile score—for example, for your score of 700, if your percentile is 85, then it means that you did better than 85% of the students taking that test.

In the year 2014, below you see the percentiles and corresponding scores for the SAT Spanish test.

Score 800 — 93 percentile
Score 750 — 76 percentile
Score 670 — 49 percentile
Score 580 — 24 percentile

Cancelling Scores: If you decide after taking the test, that you want to cancel your score, you can do so immediately on test day. However, the SAT College Board warns that it will cancel scores for all tests taken that day.

Should You Guess Answers on the Test?

Now that you know that your score is penalized for incorrect guessing, you should evaluate on a question-by-question basis, as to whether you should guess the answer. If you have some understanding of the question being asked, and the subject matter, and can discard 1-2 of the multiple-choice responses, then take an EDUCATED guess. It's probably not worth losing points by WILD GUESSING. The best option is to mark that question on the test sheet, and keep moving forward on the questions, and go back to it, once you've finished the test.

How is the SAT Spanish Test Administered?

The SAT subject area tests are administered by the College Board, the same organization that administers the SAT exams. You will find registration information online at www.satcollegeboard.org. From the website you can register online or by mail. In both cases, you will need to upload a digital photo of yourself as identification. You can find more about the photo requirements at https://sat.collegeboard.org/register/photo-requirements. The photo will become part of your exam admission ticket. You get four registration score reports for the fee (so think about the four colleges you want to send your scores to), additional reports will need to be paid for separately.

"Say all you have to say in the fewest possible words, or your reader will be sure to skip them; and in the plainest possible words or he will certainly misunderstand them."
—John Ruskin

Accommodations for Students with Disabilities

If you have a documented disability, you may be eligible for special accommodations for the test. The SAT College Board's website describes the requirements to obtain the approvals for Services for Students with Disabilities (SSD). Look up the current requirements and steps to register at: https://sat.collegeboard.org/register/for-students-with-disabilities.

In order to obtain the SSD approvals, you will need to file a request with the SAT College Board, well before you intend to take the test. The approvals take about seven weeks to process, and documentation of the student's disability and need for specific accommodations is required. The deadlines for SSD approvals are much earlier than the SAT Subject Area deadline. If you intend to take the SAT (and the SAT Subject Area) in the fall of your junior year, then the College Board recommends applying for your accommodation approvals in the spring of your sophomore year. Keep in mind, that if you were approved for special accommodations by the College Board for the SAT, then you might not have to reapply for the Spanish Subject Area test. But, it is always helpful, to confirm this with the College Board.

Once you are approved for special accommodation for test-taking, the accommodation will be noted on your admission ticket. If your accommodation request is not approved, then you must take the test as a standard test-taker.

Getting Ready for Test Day

Prepare your test day material, the day before. The tests usually start in the morning, so don't wait until the last minute to find your gear. Here's what you will need at a minimum:

1) A printed out copy of your Admission Ticket
2) Photo identification
3) No. 2 pencils and an eraser
4) A watch, so you know how much time is remaining

You can take either a graphing calculator or a scientific calculator with you. The College Board's website lists the acceptable calculators, and recommends a graphing calculator over a scientific calculator.

You cannot bring the following into the testing room:

1) Any form of cellphone, tablet, or computer device
2) iPods or music devices
3) Cameras or recording devices

Testing Tips

1. **Get smart, play dumb.** Sometimes a question is just a question. No one is out to trick you, so don't assume that the test writer is looking for something other than what was asked. Stick to the question as written and don't overanalyze.
2. **Do a double take.** Read test questions and answer choices at least twice because it's easy to miss something, to transpose a word or some letters. If you have no idea what the correct answer is, skip it and come back later if there's time.
3. **Turn it on its ear.** The syntax of a question can often provide a clue, so make things interesting and turn the question into a statement to see if it changes the meaning or relates better (or worse) to the answer choices.
4. **Get out your magnifying glass.** Look for hidden clues in the questions because it's difficult to write a multiple-choice question without giving away part of the answer in the options presented. In most questions you can readily eliminate one or two potential answers, increasing your chances of answering correctly to 50/50, which will help out if you've skipped a question and gone back to it (see tip #2). So, read the question carefully.
5. **Call it intuition.** Often your first instinct is correct. If you've been studying the content you've likely absorbed something and have subconsciously retained the knowledge. On questions you're not sure about trust your instincts because a first impression is usually correct.
6. **Graffiti.** Sometimes it's a good idea to mark your answers directly on the test booklet and go back to fill in the optical scan sheet later. You don't get extra points for perfectly blackened ovals. If you choose to manage your test this way, be sure not to mismark your answers when you transcribe to the scan sheet.
7. **Become a clock-watcher.** You have a set amount of time to answer the questions. Don't get bogged down laboring over a question you're not sure about when there are ten others you could answer more readily. If you choose to follow the advice of tip #6, be sure you leave time near the end to go back and fill in the scan sheet.

SECTION II:
Review

Chapter 2: The Very Basics of Spanish

Grammar

Grammar is the Art of speaking and writing correctly in any language.

In Spanish, grammar is divided in: **Morphology, Syntax, Prosody** and **Orthography**.

- **Morphology:** Refers to the grammatical classification of words.
- **Syntax:** Links the words coherently within an idea.
- **Prosody:** Refers to the correct pronunciation of words.
- **Orthography:** Refers to the correct way for writing.

The Alphabet

Spanish: **Alfabeto/Abecedario**

The alphabet.—Designates a series of letters which represent sounds of a tongue. Spanish alphabet is formed by 29 letters: *a, b, c, ch, d, e, f, g, h, i, j, k, l, ll, m, n, ñ, o, p, q, r, s, t, u, v, w, x, y, z.*

Ch and *ll* are digraphs representing each a different sound. These are considered part of the alphabet.

rr, is not considered a letter since its sound is pretty much the same as the one represented by *r* (It does not represent a different sound as *ch* and *ll*).

LETTER	NAME	SOUND	SPANISH	ENGLISH
a	A	[a]	árbol	apple
b	Be	[b]	beso	boat
c	Ce	[k], [s]	Crecer, cielo	Coat, census
ch	Che	[ʧ]	chimenea	Chimney
d	De	[d]	dedo	Daniel
e	E	[e]	elefante	Elefant
f	Efe	[f]	feo	Finger
g	Ge	[g]	gato	Goat
h	Hache	[not pronounced]	hola	-
i	i	[i]	Inés	Illusion
j	Jota	[x]	jefe	Hello
k	Ka	[k]	kilo	Kenia
l	Ele	[l̪]	leon	Lion
ll	Doble ele	[ʎ]	llave	Joy
m	Eme	[m]	mamá	Mom
n	Ene	[n]	nuevo	Neon
ñ	Eñe	[ɲ]	Niña	canyon
o	O	[o]	oso	Oregon
p	Pe	[p]	pelota	Pineapple
q	ku	[q]	queso	Question
r	Erre	[ɾ]	radio	Radio
rr	Doble erre	[r]	tierra	Terrain
s	Ese	[s]	sol	Sun
t	Te	[t]	tortuga	Turtle
u	U	[u]	uva	Loose
v	Ve	[v]	vestido	Vanity
w	Doble u	[w]	whisky	Way
x	Equis	[ks]	examen	Taxi
y	y griega	[ʤ]	yo	Yoyo
z	zeta	[θ]	zoológico	cellophane

Syllabic Division

- **Sounds**, which support spoken language, are represented in written Spanish by **letters**.
- **Letters** are graphic representation of **sounds**.
- A **syllable** is the sound or sounds pronounced in each voice emission. Those sounds are not independent from one another but a complement between themselves.
- Sounds/Syllables in Spanish can involve a **vowel** or a **consonant**.
- Syllables can be just one vowel but not just one consonant: a-mor.
- Consonants must be accompanied by 1, 2 or 3 vowels.
- Two vowels can be found in one syllable, this is called a **diphthong**: U-ru-guay
- Three vowels can be found in one syllable, this is called a **triphthong**: Cuauh-té-moc . . .
- Two vowels are written together but in different syllable, this is called a **hiatus**: ca-er.
- A consonant between two vowels goes with the 2nd syllable: l**á**-piz . . .
- Two consonants between vowels; one goes with the previous syllable, the other one with the syllable next to it: gi**m**-**n**a-sia. Except for these groups that go together: pr, pl, br, bl, fr, fl, tr, dr, cr, cl, gr, gl: a-**gr**a-de-cer, **fl**o-tar, tem-**bl**ar . . .
- If the second consonant is l or r and is part of one of the groups that go together (pr, pl, br, bl, fr, fl, tr, dr, cr, cl, gr, gl), both go with the vowel that's next to them: ha-**bl**ar.
- If we find three consonants in a syllable, the two first go with the previous vowel and the third go with next one: i**ns**-ti-tu-to . . .
- If there are 4 consonants together, they're split; 2 go with the previous syllable and the other 2 with the next one: i**ns**-**tr**uir . . .
- This words are considered one word: ch, ll, rr. They don't split: fe-**rr**o-ca-**rr**il; **ch**a-**rr**o.

Rules for Stress in Spanish

Stressed Syllables

Spanish: **Sílaba Tónica**

- Not all the syllables are pronounced with the same voice intensity.
- The higher intensity in one of the syllables is called: **accent**.
- Sometimes the accent is graphically represented when we write a certain word, some others, the accent is not represented and just pronounced, this is called: **phonetic accent**.
- The syllable with the phonetic accent or the orthographic accent is called: **stressed syllable**: ca-**mi**-sa.
- The syllables with no phonetic accent on it are called: **unstressed syllables**: **ca**-mi-**sa.**
- In Spanish, all the words just have **one stressed syllable**, which is the one pronounced with higher intensity.
- In other languages, like French, they can have 2 stressed syllables.
- Depending on the place where the stressed syllable is, words are classified in 4 categories: **Agudas**, **Graves**, **Esdrújulas** and **Sobreesdrújulas**.
- Whenever the stressed syllable must go with a graphic accent written on it, There are certain rules to follow, depending on the category of the word, which is explained in the following chart:

CATEGORY	STRESSED SYLLABLE	EXAMPLES	GRAPHIC ACCENT	EXAMPLES
Agudas	The last one.	Co-mer Ca-fé	When they end with **n**, **s** or a **vowel**.	Can-**ción** Mos-**cú**
Graves	One before the last one.	Me-sa Dé-bil	When they end with any **consonant** except for **n** or **s** or any **vowel**.	**Ál**-bum **Ár**-bol
Esdrújulas	Two before the last one.	Te-lé-fo-no Mé-di-co	Always.	**Pá**-ja-ro
Sobreesdrújulas	Three or more before the last one.	Llé-va-te-lo Fá-cil-men-te	Always.	**Á**-gil-men-te

- When the stressed syllable is the last one, the word is called 'aguda'. It will be written with a graphic accent any time it ends with the letters **n**, **s** or any **vowel**.
- When the stressed syllable is one before the last one, the word is called 'grave'. It will be written with a graphic accent any time it ends with any **consonant**, except *n* or *s*.
- When the stressed syllable is two before the last one, the word is called 'esdrújula'. Those are always written with an accent.
- When the stressed syllable is three or more before the last one, the word is called 'sobreesdrújula'. Those are always written with an accent as well.

Capital Letters

Spanish: **Mayúsculas**

During your evaluation, you may find almost identical answers, the only difference being the right usage of Capital Letters. The following are the main rules:

- The first letter in any text
- The first letter in any paragraph
- After a period: *Mañana hará frío. No tengo abrigos.*
- After exclamation and question marks: *¡Viva México!*
- Names and Surnames: *John Smith, María Martínez*
- Roman Numerals: *El Papa Juan Pablo II, Siglo XXI*
- Titles or Divine Attributes: *Los Reyes de España, El Mesías, Director, Ministro*
- Historic times: *La Revolución Francesa*
- Toponymy: *El Amazonas, La Cordillera Central*
- Article as part of the name: *Viña del Mar*
- Abbreviations: *Sr. Juan, S.A. (Sociedad Anónima)*
- Organizations, Institutions: *Gobierno Nacional, Universidad Nacional Autónoma de México*
- Titles of books, movies, masterpieces, art: *La Mona Lisa, Shrek, Harry Potter*
- Acronyms: *ONU, UNESCO, URSS, UAE, BMW*
- **NO CAPITAL LETTERS ON:** days of the week, months and seasons: *lunes, verano, agosto.*

Therefore, if you find the following options, which one do you think is the best answer?

(A) El Sr. Ramón compró un auto BMW en agosto.
(B) el sr. ramón compró un auto bmw en agosto.
(C) El Sr. Ramón compró un auto BMW en Agosto.
(D) El sr. Ramón compró un auto Bmw en Agosto.

**The correct answer will be A. Since we know abbreviations, names and acronyms are written in Capital Letters but months.

Grammatical Gender

Nouns, articles, adjectives, participles and pronouns in Spanish can be masculine or feminine. This characteristic is called: *Grammatical Gender.*

**Rule of thumb: *words ending in—a are feminine, words ending in—o are masculine, usually; not always.*

Spanish: **Género: Femenino, Masculino.**

Verbs and adverbs are lack of gender, except for the participle forms and some other elements that are neutral.

We can find:

- Common nouns with the same form for both genders, "generic": *el/la psiquiatra, el/la pianista, el/la, concertista, un/una professional . . .*
  Ramona es una pianista excepcional, Lauro es un pianista excepcional, Tengo cita con la psiquiatra, Tengo cita con el psiquiatra . . .
- Epicene Nouns or **Sustantivos Epicenos** (Spanish). They just have only one form.
- There are masculine epicene nouns: *el/un personaje, el/un tiburón, el/un lince . . .* There is no feminine for these nouns, though.
- There are feminine epicene nouns: *la/una persona, la/una hormiga, la/una víctima, la gente, la razón, la leche, la pirámide . . .* There is no masculine for these nouns.

Examples:

"Se encontraron un tiburón cerca de la playa"
"Había muchas hormigas en el jardín"

- There are masculine forms that indicate a collective where both, masculine and feminine, are represented.

"El hombre Neanderthal vivía en cavernas".
Making reference to both genders where the Neanderthal women is included.

"Los alumnos de Secundaria han cambiado sus hábitos"
The last sentence is talking about students, both women and men.

However, for political purposes, is becoming more common to indicate both genders, which is grammatically acceptable as well.

In past years, it was common to hear Presidents say during their speeches: *"Queridos mexicanos y niños . . ."*
Now they refer to population as: *"Queridos mexicanos y mexicanas, niños y niñas . . ."*

Both forms are very acceptable. The first one indicates both genders, even though is in masculine form, while the second one actually indicates both genders, literally.

Words working indistinctively for both genders:

- Words ending in -e, -i or -u; *el/la gurú, el/la saltimbanqui, el/la comerciante, el/la dibujante, Yo soy Yaqui nativo(a) . . .*
- Words ending in -ar or -er; *el/la auxiliar, el/la militar, el/la chofer, el/la bachiller . . .*
- Words ending in -l or -z; *el/la cónsul, el/la portavoz, el/la juez, el/la capataz, el/la corresponsal . . .*
- Al military and naval ranges: *el/la cabo, el/la capitán, el/la sobrecargo, el/la coronel . . .*

Masculine Words:

- Most of the words ending in -o, -or. Also, some other words ending in -a or -e; *el tabaco, el cuaderno, el estudio, un año, un tenedor, unos muchachos . . .*
- Words ending in -aje or -an: *el coraje, el espionaje, el capitán . . .*
- Rivers, mountains, isthmus and canals: *el Amazonas, el Nilo, el Tigris, el Everest . . .*
- Months and days of the week: *fue un agosto caluroso, yo nací en un diciembre frío.*
- Musical notes: *el fa bemol, el sol va más agudo, necesitas afinar el la.*
- Aumentatives ending in -on, even if they come from a feminine word: *no sabes el notición que te voy a dar.*
- Cardinal points: *el norte, el este, el oeste, el sur, el norponiente, el noroeste, el ocaso, el oriente . . .*
- Numbers: *el seis, el siete, el 48, el 54 . . .*
- Colors: *el azul, el amarillo, el rosa . . .*

Feminine Words:

- Most of the words ending in -a. Also, some other words ending in -o or -e; la boda, la barriga, la taza, la sastre . . .
- Words ending in -dad, -tad and -ed: *la libertad, la mitad, la pared, la lealtad . . .*
- Nouns ending in -ción, -sión, -zón, -dez and -iz: *la decisión, la razón, la incisión, la honradez . . .* (with some exceptions as *el corazón*) . . .
- Name of diseases ending in -tis: *la colitis, la gastritis, la artritis . . .*
- Letters: *la o, la hace, la y griega*
- Most nouns have their form in feminine, as for professions: *el arquitecto—la arquitecta, el licenciado—la licenciada.* These wasn't acceptable some years ago, as it became more common for women to develop a profession, these are now the correct terms, now culturally and politically correct and accepted.

Some words have a different meaning or refer to different objects, situations or subjects depending on their gender, most common ambiguous words on examinations are:

el radio: refers to the device.
la radio: refers to a broadcaster company.

el policía: refers to the police officer.
la policía: refers to the police system.

**If you want to refer to a women that is a police officer, you must say: *la mujer policía or la oficial de policía.*

el cura: priest
la cura: the cure (disease)

el Papa: Pope
el papá: dad
la papa: potatoe

manzana: apple
manzano: apple tree

How am I supposed to know/remember all this during my examination?

Easy. Your best resource will be context. As well as other useful hints on correct usage of grammar forms.

For example: If we have a sentence on the test like this one: *"El Papa le dió la bendición a mi papá"*

We know the first *'El Papa'* refers to the Pope, because is written in Capital Letters (see The Capital Letters section for review about this topic) and the second one, *"mi papá'* refers to my dad, because it has a grammatical accent (see The Rules for Stress in Spanish section for more about this topic). If we go further, the noun *'bendición'* refers to blessing, which is coherent with the word Pope.

Numbers

It's a category within grammatical morphology indicating plural or singular.

Singular: Refers to a single element; just one.
Plural: Refers to several elements; two or more.

Spanish: **Número: Singular, Plural.**

1. **Nouns** and **Adjectives** use the suffix -s or -es (in Spanish), denoting **plural**.

   Words ending in -l, -n, -r, -d, -z, -y goes with the suffix -es, whenever they are in the plural form.

   *Azul – azu**les***
   *Ojo – ojo**s***
   *Ojo azul – ojo**s** azu**les***
   *Agua – agua**s***
   *Limpia –limpi**as***
   *Agua limpia – agu**as** limpi**a***
   *Camión – camion**es***
   *Tenedor – tenedor**es***
   *Camión grande – camion**es** grand**es***
   *Tenedor filoso – tened**res** filos**os***

2. Words ending in -z change to -ces when written in its plural form:

   la voz – las voces
   el lápiz – los lápices
   una vez – unas veces

3. **Pronouns** and **verbs** have their own forms in **plural**.

   Lo – los
   Canta – cantan
   Usted – ustedes
   Quehacer – quehaceres

4. Not all nouns come in both singular and plural.

   Some have no plural form. They are called: **Singularia Tántum**.

   - Collectives:

     gente
     la gente – correct
     las gentes – incorrect

     la población
     el público
     la policía
     el ejército

   - Abstract names:

     la sed
     el hambre
     el descanso
     la fe
     la pereza

   - Cardinal Points

     Norte
     Nortes – incorrect
     Sur
     Sures – incorrect

5. On the other hand, some others are written in 'plural' for both, the singular and plural form. The **number** will be indicated by the **article**.

   This form is called: ***Pluralia tántum***.

   El Lunes me tengo que levantar a las 8 am.
   Los Lunes me tengo que levantar a las 8 am.

   ¡Está lloviendo, tráete un paraguas!
   ¡Está lloviendo, tráete los paraguas!

   el paréntesis – los paréntesis
   el viernes – los viernes (this apply for all days of the week)
   el virus – los virus
   el cumpleaños – los cumpleaños
   la crisis – las crisis
   el bíceps – los bíceps

Articles

Spanish: **Artículos**

Articles link; articulate the words within a sentence.

It's the element within a sentence that goes before a subject to indicate its gender and/or number:

La maestra es muy buena.
Translation: *The teacher is good.*

In the example above the article *'La'* indicates the subject is feminine and singular. It also goes on capital letters since it's the first letter of the sentence.

The gender and number of the subject will always determine the article.

On the following chart you can see the different types of articles:

TYPE	DESCRIPTION	ARTICLES	EXAMPLES
Determined	Known subject	**Femine, Singular:** la **Femine, Plural:** las **Masculine, Singular:** el **Masculine, Plural:** los **Neutral, Singular:** lo	la tormenta, las mariposas el niño, los libros, lo mejor
Undetermined	Unknown subject	**Femine, Singular:** una **Femine, Plural:** unas **Masculine, Singular:** un, uno **Masculine, Plural:** unos	una bandera, unas estatuas un centavo, uno porciento, unos dulces,
Contracted	Union from the article "el" and the prepositions "a" and "de"	Neutral, Singular: al, del	Bailar **al** son de la música, Este lápiz de **del** señor

Cacophony (Cacofonía): is the unpleasant sound resulting from the union of two vowels. That's why we don´t say *"la agua"*. We know *'agua'* is feminine, since it starts with the letter *a* it sounds better if we say *"el agua"*. Avoiding this unpleasant sound called cacophony (English) or cacofonía (Spanish).

Another example: *el águila, el área, el hada, el hambre, el hacha.*

Plural forms remain as normal: *las águilas, las áreas, las hadas, las hachas.*
**hambre* is already a collective form.

Therefore, if we have the following options during our examination, which do you choose?

(A) La maestra nos dijo que el ave llamada Águila Imperial se puede observar al atardecer.

(B) Las maestra nos dijo que la ave llamada Águila Imperial se puede observar a el atardecer.

(C) Una maestra nos dijo que el ave llamada Águila Imperial se puede observar al atardecer.

(D) La maestra nos dijo que el ave llamado Águila Imperial se puede observar al atardecer.

**The correct answers are A and C, since we have all correct forms of articles written. In B the form "*a el*" must be contracted to "*al*", while on D, even though we have the article "*el*", we know beforehand that the subject "*ave*" is feminine; that's why the verb must be feminine as well, the form "*llamado*" being incorrect.

On the other hand, the difference between determined and undetermined verbs relies on the fact that undetermined articles are general and vague.

Example:

John's mom is concerned about her son's health; she always tries to make him eat fruits. Yesterday she left an apple on the kitchen table for him to eat today in the morning; she told him in advance she would do so.

Today when she reminded him about it, what do you think she said?

"John, cómete la manzana".
John, cómete una manzana".

The best form is the first one *"John, cómete la manzana".*

Why? Because that apple particularly, is something already known for John. He knows the apple his mom is talking about.

Determined articles must be used for specific subjects. Therefore, if we say "Unos niños hablan Español", since we don't know which kids specifically, we must be speaking generally at this point.

If we say "Los niños hablan Español", we know pretty well or have an idea to which kids we are referring. Otherwise, the sentence must be complemented "Los niños en *Argentina hablan Español*".

Neuter Article: *Lo*
Its form comes exclusively in singular.

Following are the rules for its usage:

- *Lo* + adjective: *Lo bueno de esta experiencia, son los amigos que hice.*
- *Lo* + adverb: *Lo escencialmente importante es hacer ejercicio.*
- *Lo* + de: *Lo de ayer fue un mal entendido*
- *Lo* + adjective/adverb + *que: Lo que tú quieres es quedarte con mi dinero.*

In Spanish there's a noun form called ***Sujeto Tácito***. It refers to a sentence in which the noun appears implied. The article 'lo' usually takes the part of that noun implied.

Example:

Jessica used to have a lot of money. She went gambling one day and lost it all. Yesterday she told this anecdote to a friend. She said:

"Lo perdí todo"
Translation: *I lost it all.*

We know she is talking about money and the article *lo* indicates that.

Nouns

Spanish: **Sustantivos**

Nouns are the words that we use to name people, animals, objects, plants, strengths, weaknesses, phenomena, places, rivers, cities, space, time, etc.

Examples:

People: *José, María, Constance, Rafael, Gerardo . . .*
Animals: *vaca, leopardo, jaguar, pantera, perro, gato, pez . . .*
Objects: *mesa, cuaderno, lápiz . . .*
Plants: *zanahoria, manzana, manzano, cedro, papa, pino, rosal . . .*
Strengths and weaknesses: *bondad, belleza, torpeza, fiereza . . .*
Phenomenon: *combustión, tornado, germinación, purificación . . .*

Places, Rivers, Cities, Space, Time, etc. . . ., *plaza, jardín, altura, longitud, hora, dia, año, Nazas, Amazonas, Mohawk, Yaki, Maya, Azteca, La Pampa, Cádiz, Volga, verano, Lake Buena Vista, Kissimmee . . .*

Like other elements of grammar, nouns are classified in different types according to their meaning and what they indicate. The following chart shows the different types of nouns in Spanish, their description and examples.

NAME	NOMBRE	DEFINITION	EXAMPLE
Proper Nouns	***Sustantivos Propios***	These nouns are used to name people, cities, newspapers, movie theaters, schools, continents, stars, etc . . . so we can identify each from the rest. The first letter is a Capital.	*María Carlota de Habsburgo, Benito Juárez, Sierra Leone, Iguazú, Bellas Artes . . .*
Common Nouns	***Sustantivos Comunes***	Nouns that are in lower case. These are words that are use to name a lot of people, animals or objects from the same species.	*hombre, flores, nubes, gato, amor . . .*
Individual Nouns	***Sustantivos Individuales***	Nouns that are used to name persons: Names and Surnames. First letter is a Capital.	*Sofía Martínez, Ana Hernández, Diego López . . .*
Particular Nouns	***Sustantivos Concretos***	Nouns that refer to any tangible, material being such as people, animals and objects.	*mesa, película, camión, clavel . . .*
Abstract Nouns	***Sustantivos Abstractos***	Nouns that refer to intangible phenomena, as well as qualities and intangible characteristics of people and situations.	*germinación, mezcla, combinación, digestión, vanlentía, belleza, sabiduría . . .*
Collective Nouns	***Sustantivos Colectivos***	Nouns that express plural, although they're written in singular.	*batallón, arboleda, gentío, docena, millar . . .*
Determined Collective Nouns	***Sustantivos Determinados***	Nouns that are precise with the number of elements/ beings they refer to.	*Compré una docena de huevos, bimestre, trimestre,bienal, centuria . . .*
Undetermined Collective Nouns	***Sustantivos Indeterminados***	Nouns that are not precise with the number of elements they refer to.	*parvada, ejército, enjambre, caballada . . .*
Partitive Nouns	***Sustantivos Partitivos***	Nouns that refer to a part of a whole.	*mitad, Quinto, milésimo . . .*
Nouns of Quantity	***Sustantivos Múltiplos***	Nouns that express an amount or quantity.	*duplo, décuplo, céntuplo . . .*
Simple Nouns	***Sustantivos Simples***	Nouns that are formed by a single word.	*sol, agua, rayo . . .*

NAME	NOMBRE	DEFINITION	EXAMPLE
Compound Nouns	***Sustantivos Compuestos***	Nouns that are formed by a simple word and a particle.	*antepecho (ante + pecho), superhombre (súper + hombre)*
Juxtaposed Nouns	***Sustantivos Yuxtapuestos***	Nouns that are formed by two words (2 nouns, 2 adjectives, 1 verb + 1 noun, 1 noun + 1 adjective . . .).	*agridulce (agrio + dulce), correcaminos (corre + caminos) pelirrojo (pelo+rojo) . . .*
Primitive Nouns	***Sustantivos Primitivos***	Nouns that are 'primitive'; they don't have their origin in any other words. They are their own base.	*árbol, mesa, lápiz, casa, libro . . .*
Derivative Nouns	***Sustantivos Derivados***	Nouns that come from another word; from a primitive word.	*Primitive: árbol Derivatives: arboleda, arbolito, Primitive: mesa Derivatives: mesero, mesita, mesota . . .*
Augmentative Nouns	***Sustantivos Aumentativos***	Nouns that refer to persons, animals, objects or other beings of bigger size.	*casa: casota libro: librote*
Diminutive Nouns	***Sustantivos Diminutivos***	Nouns that refer to persons, animals, objects or other beings of smaller size.	*casa: casita libro: librito*
Derogatory Nouns	***Sustantivos Despectivos***	Nouns that express contempt.	*Casucha, librillo, gentuza, mujerzuela, camastro . . .*
Patronymic Nouns	***Sustantivos Patronímicos***	Nouns/names derived from the father. A lot of surnames in Spanish are derived from the father's name.	*Name: Fernando Patronymic: Fernández, Ferriz, Ferraz, Ferrant . . .*
Verbal Derivatives	***Derivados Verbales***	Nouns derived from a verb.	*Verb: pintar Patronymic: pintor*
Ideological Diminutive Nouns	***Diminutivos Ideológicos***	Nouns that are not derived grammatically.	*ballena: ballenato vaca: becerro caballo: potro*

Adjectives

Spanish: **Adjetivos**

Adjectives modify nouns or attribute certain characteristics to them.

Example:

La casa es antigua.	*La niña tiene los ojos grandes.*
Translation: The house is old.	Translation: The girl has big eyes

Imagine a flower (una flor), a cow (una vaca) and a book (un libro). What adjectives might be used to describe them?

La flor (The flower could be	roja chica grande bella	*Una vaca (The cow, could be)*	floja blanca amorosa loca	*Un libro (The book, could be)*	largo pesado azul bellísimo

The word *flower* refers to all flowers in the world; when we say *the red flower* we are talking about a specific flower. In Spanish *'la flor'; 'la flor roja'*. We are describing a certain flower, talking about a characteristic of it. Adjectives are words that help us describe objects, animals, persons, situations, moments, etc.

Adjectives agree in **gender** and **number** with the **noun** modified, ending in their respective feminine, masculine, singular or plural form.

*niñ**a** bonit**a** – niñ**as** bonit**as***	*cuba**no** trabajad**or** – cubanos trabajado**res***
*niñ**o** bonit**o** – niñ**os** bonit**os***	*cuba**na** trabajado**ra** – cubanas trabajador**as***

To identify an adjective we must ask the 'how' question over the noun:

Sentence: *El sol es brillante. The sun is bright.*
Question: ¿Cómo es el sol? How is the sun?
Answer: *brillante. Bright.*

Adjectives are classified in two ways:

1. **Qualitative (Calificativos):** Express qualities or characteristics of the noun within a sentence: *manzana dulce, perro grande, árbol bello . . .*
   - These characteristics can be abstract: *persona feliz*, or tangible: *caballo blanco*,
   - They can be **specific** about an attribute that makes the noun different from the rest: *Él es un atleta veloz. La sandía está jugosa.*
   - They can describe an **intrinsic characteristic** of the noun, usually occurring before it: *Blanca nieve, Aquel fue un frío invierno.*

- **Qualitative Adjectives are Classified in:**
  - **Primitive:** *fea*
  - **Derivatives:** *feíta, feota*
  - **Augmentative:** *feota*
  - **Diminutives:** *feíta*
  - **Derogatory:** *feucha*
  - **Simple:** *fea*
  - **Compound:** *refea*
  - **Juxtaposed:** *roji-negra*
  - **Verbal:** *temible*
  - **Gentilicios:** *americano, española, mexicano, peruano, boliviana, cubana, barranquillera, norteño, sureño . . .*

2. **Determinative (Determinativos):** These adjectives introduce and explain the noun within a sentence: *algunos amigos, siete días.* Determinative Adjectives do not qualify but determine, indicate the person, animal or object the refer to: *cinco pesos, alguna vaca.* These are divided into:

- **Numerals**
  - **Cardinal:** refer to the number; *trece vacas, catorce días . . .*
  - **Ordinal:** quote the order: *segundo hijo, tercer lugar . . .*
  - **Partitives:** refer to the part of a whole: *media naranja, un cuarto de kilo . . .*
  - **Multiple:** indicate how many times a quantity contains another: *gasto el doble que antes, triple decímetro . . .*
- **Demonstratives:** They **indicate, point, mark** the person or object they refer to: *aquel perro me mordió, ¿De quién es este sombrero? . . .*

MASCULINE	FEMININE
Singular: **este, ese, aquel**	Singular: **esta, esa, aquella**
Plural: **estos, esos, aquellos**	Plural: **estas, esas, aquellas**

- **Possessive:** indicate the owner of the object, person, animal or being they refer to; *mis tios, tus zapatillas de ballet . . .*

  List of Possessive Adjectives (5): *mío, tuyo, suyo, nuestro, vuestro;* **Singular:** *mi, tu, su;* **Plural:** *mis, tus, sus . . .*

- **Indefinite: don't refer** to any noun **in particular**, they are **vague** and **general**: *muchos años atrás, varios alumnos no asistieron a la escuela.*

  List of Indefinite Adjectives: *muchos, pocos, algunos, varios, otros, cualquiera, cierto, cada, tamaño, ninguno, uno, cuanto, los demás, las demás, ajeno, mismo, propio, tal, cual, tanto, cuanto, bastante, harto, demasiado.*

There are different categories of adjectives:

- **Positive:** Indicates the noun attribute: *Gato* ***negro***. In an absolute way, without comparison.
- **Comparative:** Indicate the noun attribute compared to other noun: *Carlos es* ***más alto*** *que Javier.*
- **Superlative:** Indicats the noun attribute in its highest level: *Carlos es* ***el más alto*** *de todos/Carlos es* ***altísimo***.

Verbs

Spanish: **Verbos**

Verbs are the words that help express existence, action or state of being, usually indicating time and person.

They can be classified according to their: ***conjugation, meaning*** and ***structure***.

Verbs Classified According to Conjungation

- **Regular.** These are verbs that do not change their base form whenever they are conjugated: *amar, comer, vivir . . . amado, amas, amamos . . .*
- **Irregular.** These verbs change their ending whenever they are conjugated: *soy, seré, sido . . . voy, vas, van . . .*
- **Defective.** These verbs are conjugated only in some tenses with some grammatical persons: *soler, suelen, solían . . .*
- **Impersonal.** These are conjugated only in 3rd person, singular (they usually refer to a natural phenomenon): *llueve mucho, amaneció nublado, anochece tarde en verano . . .*

Verbs Classification According to their Meaning

- **Transitive.** Express a 'transmissible' action from the subject to another object named *direct object; Yo como verduras = Las verduras son comidas por mi.*
  - **Transitive Verbs:**

ablandar	*escribir*	*vender*
comer	*zurcir*	*pintar*
tener	*barrer*	*teñir*
temer	*brincar*	*quemar*
defender	*cortar*	*tachar*
abrir	*venerar*	*enseñar*
romper	*besar*	*premiar*
coser	*conocer*	*acusar*

- If there's no *direct object* in the sentence, then the verb becomes **intransitive**.
  - Some verbs are impossible to have a *direct object*. They are usually divided into 3 categories:
  - Verbs meaning **existence**: *vivir, ser, existir, haber; 'Hubo sesión en el Congreso'.*
  - Verbs meaning **state of being**: *estar, crecer, diminuir, distar . . .; 'Los árboles crecen'.*
  - Verbs referring to actions unable to be performed by subjects: *nacer, morir, salir, andar, llorar, acontecer . . .; '¿Estás llorando?'*

  Would be incoherent to say: *'Llorado estás'*

  - **Intransitive Verbs:**

gritar	*crecer*	*luchar*
gemir	*descansar*	*relumbrar*
titubear	*hablar*	*cortar*
perecer	*vivir*	*delirar*
reír	*abusar*	
palidecer	*temblar*	

- **Copulative.** Copulative verbs do not have a full meaning, they link different parts within a sentence as the subject with the rest of the statement.

  The main **Copulative verbs** are: *ser* and *estar.*
  'Mi papá es médico', 'Las personas están molestas'.

- **Reflexive.** These verbs refer to an action performed by the subject itself: *'Te miras en el espejo demasiado', 'Se esfuerza poco'.*

  Reflexive Verbs must be accompanied by the pronouns: *me, te, se, nos, os.*

- **Reciprocal.** These verbs refer to a mutual exchange of action.
  Reciprocal verbs are always expressed in plural; there must be two subjects so they can have their proper grammatical functionality.
  'Los lobos se amenazaron con gruñidos'
  'Los animales de la misma especie se reconocen entre sí'.

Reciprocal Verbs are always accompanied by the following pronouns: *se, nos, os.*

- **Auxiliary.** Auxiliary verbs partially or totally lose their meaning to accompany a verb and help build compound tenses. This applies to all verbs. The main **auxiliary verbs** are: *haber, ser, ir* and *estar.*
  'Han pintado las paredes de azul'
  'Nosotros hubiéramos ido al circo'
  'Elena va a ir con el estilista'.
  'Cesáreo fue perdonado'

Verb Classified According to Meaning

- **Primitive.** Primitive verbs do not derive from another word: *hablar, cantar, silbar, mirar, volar . . .*
- **Derivatives.** Derivative verbs derive from another word; *habladurías = hablar,*
  cántico, cantante = cantar,
  silbato, silbido = silbar,
  mirador, mirón = mirar,
  vuelo, volador = volar . . .
- **Simple:** conformed by one word; **simple verbs** can coincide with **primitive verbs**; *lavar, ver, escribir, morir . . .*
- **Compound:** conformed by two words:
  Malcriar = mal + criar
  Maniobrar = mano + obrar
  Menospreciar = menos + apreciar
  Sobrentender = sobre + entender
- **Prepositive:** accompanied by a preposition:
  'El artículo consta de tres páginas'
  'Piensa en los demás'
  Carmela soñaba con un mundo mejor' . . .

Adverbs

Spanish: **Adverbios**

Adverbs complement **verbs, adjectives** and other **adverbs**.

- Adverbs complement **Verbs**: Ella *habla* ***rápido***.
- Adverbs complement **Adjectives**: *El discurso es* ***muy*** *interesante.*
- Adverbs complement other **Adverbs**: *La escuela está* ***aquí cerca***.

Gender and **Number** are invariable.

Mariano estudia mucho.
Ana estudia mucho.
Laura y María estudian mucho.

According to their meaning, adverbs are classified in different types:

Place (Lugar)	*Ahí, allí, aquí, acá, delante, detrás, arriba, abajo, cerca, lejos, encima.*	*Tus libros están aquí.*
Time (Tiempo)	*Ya, aún, hoy, temprano, tarde, pronto, todavía, ayer, nunca, siempre, jamás, ahora.*	*Juan no ha llegado aún.*
Mode (Modo)	*Mal, bien, regular, deprisa, despacio, mejor, peor, igual, similar, fácilmente, difícilmente, así, naturalmente . . .*	*La comida de Susana es mejor.*
Negation (Negación)	*No, tampoco, negativamente, nunca, jamás.*	*Yo nunca he estado en Bogotá.*
Affirmation (Afirmación)	*Si, también, verdaderamente, efectivamente.*	*Gerardo estudia efectivamente.*
Doubt (Duda)	*Acaso, quizás, igual.*	*Armando quizá vaya a La Plata.*
Desire (Deseo)	*Ojalá*	*¡Ojalá lloviera mañana!*
Quantity or level (Cantidad o nivel)	*Demasiado, bastante suficiente, algo, mucho, poco, casi, tanto . . .*	*Luis comió bastante.*
Inclusion or exclusion (Inclusión o exclusión)	*Excepto, inclusive, exclusive, salvo, menos . . .*	*Todos escucharon el sonido excepto yo.*
Opposition (oposición)	*Sin embargo, no obstante . . .*	*Leonardo no ve television desde hace un año, sin embargo, ayer la encendió.*
Order (orden)	*Primero, luego . . .*	*Nosotros siempre tomamos un descanso, luego continuamos trabajando.*
Ending with suffix *-mente* (Terminación *-mente*)	*Previamente, esencialmente, mentalmente . . .*	*Ella escribe lentamente.*

A good way to identify an adverb within a sentence is to ask the "how" question regarding the verb. For example:

Sentence: *Amanda corre velozmente todos los días. (Amanda run fast every day).*
Verb: *corre. (Run).*

Question: *¿Cómo corre Amanda? (How does Amanda run?)*
Answer (Adverb): *velozmente. (fast).*

Prepositions

Spanish: **Preposiciones**

Prepositions are the link between nouns, adjectives, verbs and adverbs.

a	***ante***	***bajo***	***cabe***	***con***	***contra***	***de***	***dese***	***en***	***entre***	***excepto***
hacia	*hasta*	*para*	*por*	*salvo*	*según*	*sin*	*so*	*sobre*	*tras*	

Examples:

Árbol ***sin*** *hojas.* (Noun + Noun).

Casa ***de*** *madera.* (Noun + Noun).

Suave ***para*** *mi paladar.* (Adjective + Noun).

Lejos ***de*** *Honduras.* (Adverb + Noun).

Voy ***a*** *La Plata.* (Verb + Noun)

Meaning

A: Direction. *Voy* ***a*** *la plata. Time:* ***a*** *tres días de visita.*

Ante: In front of. *Se hincó* ***ante*** *él.*

Cabe: Next to. *Estoy descansando* ***cabe*** *la orilla del río.* **Its usage is not common.

Con: With. *Voy* ***con*** *Antonio.*

Contra: Against, in front. *Tu casa está* ***contra*** *la del Sr. Armando.*

De: Means possession. *Casita* ***de*** *madera.*

Desde: Means from the beginning of time, place and/or number. ***Desde*** *el Sur de California . . .* ***Desde*** *las 3 de la mañana . . .*

En: Place. *Nací* ***en*** *Madrid.*

Entre: Interposition, in between. *Me pones* ***entre*** *la espada y la pared.* **Popular saying

Hasta: Means 'till the limit, end'. *No dormiré* ***hasta*** *que amanezca.*

Para: Means something intended for a reason or use. *Esta es una silla* ***para*** *montar.*

Por: By, For. *Lucho* ***por*** *mis ideales.*

Sin: Without. *Vida* ***sin*** *salud.*

So: Under. ***So*** *pena de muerte, so pretexto.* **Its usage is not common anymore.

Sobre: In, above, onto, on top of. *Dejé la lámpara* ***sobre*** *la mesa.*

Prepositional Phrases

Acerca de, tocante a, contra la voluntad de, al cabo de, detrás de, al alcance de, al fin de, además de, fuera de, a pesar de, por causa de.

**During your examination you may encounter a question as the following:

Selecciona la mejor respuesta que complete la oración.

Anita fue al concierto ______________ *su mamá no le dio permiso.*

(A) *de*
(B) *con*
(C) *a pesar de*
(D) *contra*

*Correct Answer: C

Conjunctions

Spanish: **Conjunciones**

Conjunctions are words that **link** two words of the same kind. Let's say noun + noun, adjective + adjective, verb + verb, adverb + adverb or two sentences.

Examples:

Andrea y Javier. (Noun + Noun).
Ella es tímida y seria. (adjective + adjective).
Brincar y correr. (verb + verb).
Ahora o nunca. (adverb + adverb).

Classification

Copulative	*y, e, ni, que*
Disyuntiva	*u, o, ora, ya, bien*
Adversative	*mas, pero, cuando, aunque, sino, obstante, a pesar de, antes bien*
Conditional	*si, como, con tal que, siempre que*
Casual	*porque, pues, puesto que, supuesto que*
Comparative	*así, así como, lo mismo, del mismo modo*
Continuative	*así que, así es que, además de, pues*
Inferential	*aunque, luego, pues, por tanto*
Eventual	*porque, para que, a fin de que*

Conjunctive Phrases

Afin de que, ahora si que, a no ser que, a medida que, antes que, con tal que, en vista de que, después que, así es que, por lo mismo que, siempre que, si no fuera por, por

Pronouns

Spanish: **Pronombres**

We call **pronouns** the words referring to first, second or third person; themselves, their actions, belongings or situations they are in. Pronouns are classified in **Subject Pronouns, Demonstrative, Possessive, Indefinite and Relative Pronouns.**

Subject Pronouns

Spanish: **Pronombres Personales**

Subject Pronouns: *yo, tú, él, ella, nosotros, nosotras, vosotros, vosotras, ustedes, ellos, ellas.*

In Spanish, the subject (1st, 2nd, or 3rd in both singular and plural forms) is grammatically correct and accepted to refer to all beings and non-living beings.

Therefore, animals, plants, angels, abstract forms, rocks and people: everything existing within this universe and beyond are expressed as grammatical subjects within sentences.

There are 3 basic grammatical subjects:

First: *yo*. **The person who is talking.**
Second: *tú*. **The person who is being talked to.**
Third: *él*. **The person whose being talking about.**

These same **subject pronouns** have their respective **plural form** as well as **feminine form**. In the case of the **third person** there's a **neuter form**, too.

PERSON	SINGULAR			PLURAL		
	FEMININE	MASCULINE	NEUTER	FEMININE	MASCULINE	NEUTER
FIRST	*yo*	*yo*		*Nosotras* *Vosotras*	*Nosotras* *Vosotras*	
SECOND	*tú*	*tú*		*Ustedes*	*Ustedes*	
THIRD	*ella*	*él*	*ello*	*Ellas*	*Ellos*	*Ellos*

Notwithstanding the rest of the elements within a sentence, **pronouns** are modified to fit with the meaning of the idea to express. There are 4 different types of modifications:

- **Nominative:** The pronoun works as the subject: *"**Yo** tengo una paleta"*.
- **Direct:** The pronoun works directly along with the verb: *"No **me** estás escuchando"*.
- **Indirect:** The pronouns works indirectly along with the verb: *"Debes escuchar**me**"*.
- **Terminus:** The pronoun works along with a preposition: *"Hazlo por **ti**"*.

The following charts show the different modifications pronouns might have in accordance with the sentence and its meaning.

1st Person

	SINGULAR	PLURAL
nominative	***Yo***	***Nosotros, Nosotras***
examples	*Yo tengo un diplomado en danza.*	
	Nosotros estudiamos arte.	
DIRECT	***Me***	***Nos***
examples	*Me gradué de Bellas Artes.*	
	Nos graduamos del Conservatorio de Música.	
INDIRECT	***Me, Mí***	***Nos***
examples	*Quisiera graduarme de la escuela de Ballet.*	
	El Arte nos enseña a liberar el alma.	
TERMINUS	***Mí***	***Nosotros, Nosotras, Nos***
examples	*Me debieron de haber avisado a mí y no a mi mamá.*	
	Ellos aprendieron de nosotros.	

2nd Person

	SINGULAR	PLURAL
nominative	***Tú***	***Vosotros, Vosotras, Vos***
examples	*Tú tienes el poder en tus manos.*	
	Vos tienen que ir a votar.	
DIRECT	***Os***	***Nos***
examples	*Quien te ama, te dirá la verdad.*	
	Os ruego me perdonéis.	
INDIRECT	***Te, Ti***	***Os***
examples	*Te eligieron a ti.*	
	Ya os lo he dicho.	
TERMINUS	***Ti***	***Vosotros, Vosotras, Vos***
examples	*Debieron de haberte avisado a ti.*	
	Debieron de haber avisado a vosotras.	

3rd Person Feminine

	SINGULAR	PLURAL
nominative	***Ella***	***Ellas***
examples	*Ella es mi mejor amiga.*	
	Ellas van en el colegio con migo.	
DIRECT	***La***	***Las***
examples	*La sentencia se la daré a quien la merece.*	
	Nosotras éramos las que hacíamos ruido.	
INDIRECT	***Le***	***Les***
examples	*No hay porqué temerle a la oscuridad.*	
	Fueron a contarles un cuento a los niños.	
TERMINUS	***Ella***	***Ellas***
examples	*Le acusaron de robo a ella, no a mí.*	
	Teniéndoles a ellas para ayudarte ¿Por qué acudes a mí?	

3rd Person Masculine

	SINGULAR	PLURAL
nominative	***Él***	***Ellos***
examples	*Él tiene la llave de mi departamento.*	
	Ellos estudian francés.	
DIRECT	***Le, Lo***	***Los***
examples	*El señor le mandó decir que le guardase su portafolio.*	
	Tuve que pagarles a los que les debía dinero.	
INDIRECT	***Le***	***Les***
examples	*La maestra mandó decirle que le mandara la tarea.*	
	Si tan solo hubiese sabido que teniéndoles aprobaría la materia.	
TERMINUS	***Él***	***Ellos***
examples	*El perro se lo dieron a él.*	
	Los puntos extra se los otorgaron a ellos.	

3rd Person Neuter

**During your examination you may go through a question as the following:

	SINGULAR
nominative	***Ello***
example	*Ello se debe hacer con calma.*
DIRECT	***Lo***
example	*Lo que hicieron en el pasado ya no importa.*
INDIRECT	***Lo***
example	*Al fotógrafo hay que mandarlo a tomar las fotos.*
TERMINUS	***Ello***
example	*Yo no sabía qué hacer con ello.*

Completa la siguiente oración:

A __1__ les mandarin un regalo. Nadie sabía __2__ que era. Nosotros pensábamos que quien lo enviaba debía __3__ costado mucho dinero. Al final supimos que el regalo __4__ había encantado.

(A)	(B)	(C)	(D)
Nosotros *lo* *haberle* *las*	*él* *el* *haberles* *los*	*ellos* *lo* *haberle* *les*	*Ustedes* *lo* *haberles* *los*

Correct Answer: C

Demonstrative Pronouns

Spanish: **Pronombres Demostrativos**

Demonstrative Pronouns: *éste, ése, aquél, esta, esa, aquella, estas, esas, aquellas, esto, eso, aquello, estos, esos, aquellos.*

They refer to people or objects already known and/or named. They are commonly used to point out their situation regarding a specific person or object. Demonstrative Pronouns, as the name suggests, demonstrate or 'point' a subject situation or status. They come in the masculine, feminine and neutral form in both singular and plural.

Éste, refers to a being or non-living being close to a subject in 1st person.
Ése, refers to a being or non-living being close to a subject in 2nd person.
Aquél, refers to a being or non-living being far from a subject in either 1st or 2nd person.

The following chart explain the status of each pronoun mentioned above with a few examples of their usage.

MASCULINE SINGULAR

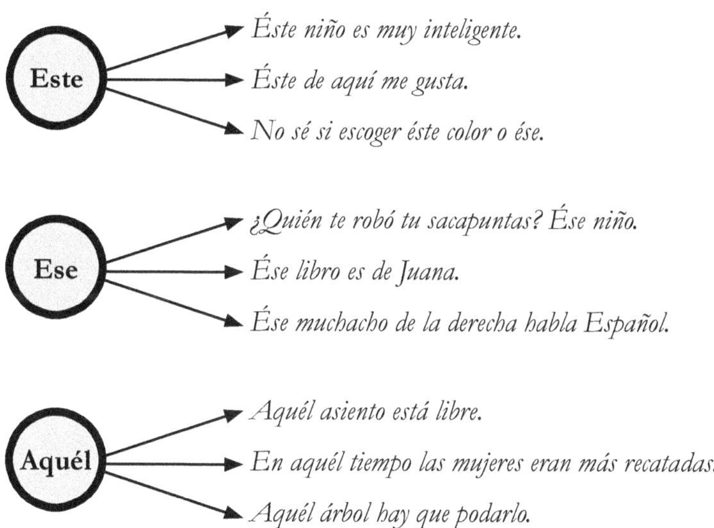

Este
Éste niño es muy inteligente.
Éste de aquí me gusta.
No sé si escoger éste color o ése.
Ese
¿Quién te robó tu sacapuntas? Ése niño.
Ése libro es de Juana.
Ése muchacho de la derecha habla Español.
Aquél
Aquél asiento está libre.
En aquél tiempo las mujeres eran más recatadas.
Aquél árbol hay que podarlo.

MASCULINE PLURAL

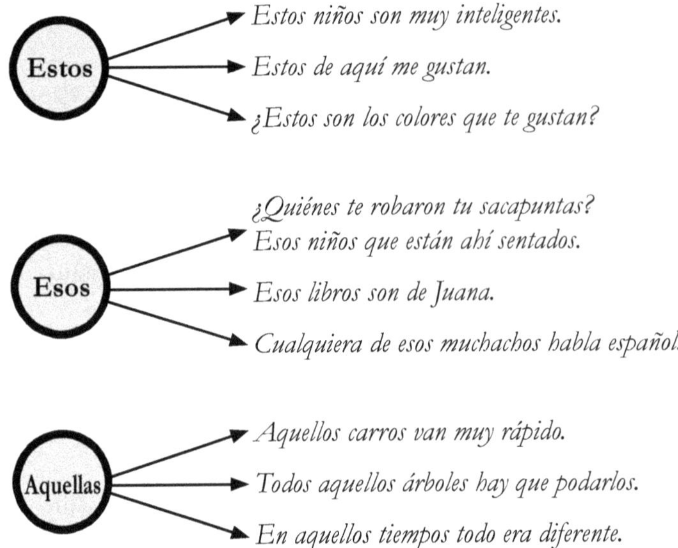

Estos
Estos niños son muy inteligentes.
Estos de aquí me gustan.
¿Estos son los colores que te gustan?
Esos
¿Quiénes te robaron tu sacapuntas?
Esos niños que están ahí sentados.
Esos libros son de Juana.
Cualquiera de esos muchachos habla español.
Aquellas
Aquellos carros van muy rápido.
Todos aquellos árboles hay que podarlos.
En aquellos tiempos todo era diferente.

FEMININE SINGULAR

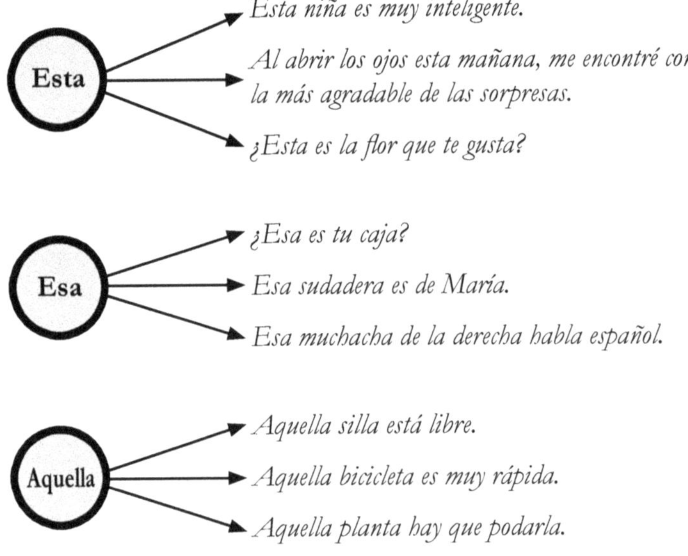

Esta
Esta niña es muy inteligente.
Al abrir los ojos esta mañana, me encontré con la más agradable de las sorpresas.
¿Esta es la flor que te gusta?
Esa
¿Esa es tu caja?
Esa sudadera es de María.
Esa muchacha de la derecha habla español.
Aquella
Aquella silla está libre.
Aquella bicicleta es muy rápida.
Aquella planta hay que podarla.

FEMININE PLURAL

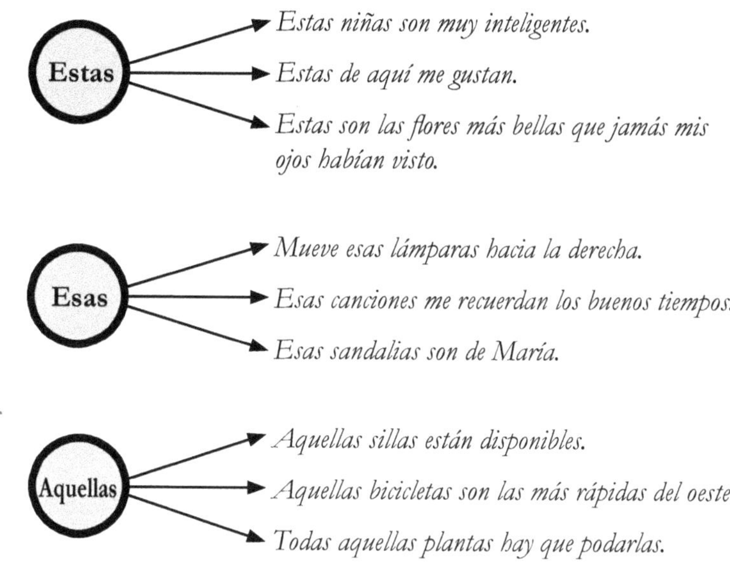

Estas
Estas niñas son muy inteligentes.
Estas de aquí me gustan.
Estas son las flores más bellas que jamás mis ojos habían visto.
Esas
Mueve esas lámparas hacia la derecha.
Esas canciones me recuerdan los buenos tiempos.
Esas sandalias son de María.
Aquellas
Aquellas sillas están disponibles.
Aquellas bicicletas son las más rápidas del oeste.
Todas aquellas plantas hay que podarlas.

NEUTRAL SINGULAR

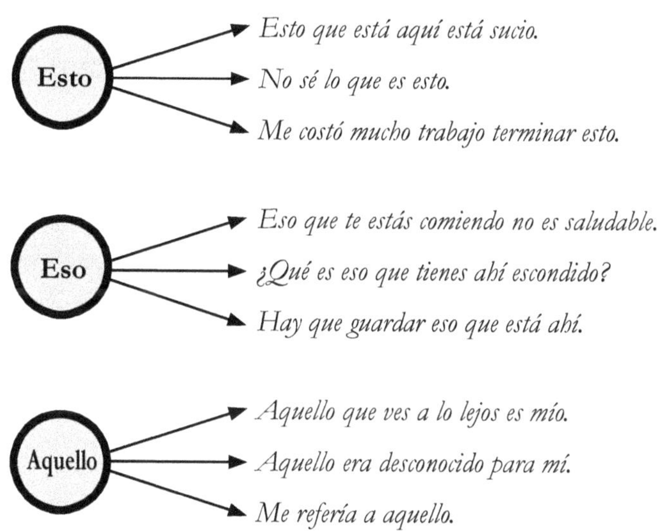

Esto
Esto que está aquí está sucio.
No sé lo que es esto.
Me costó mucho trabajo terminar esto.
Eso
Eso que te estás comiendo no es saludable.
¿Qué es eso que tienes ahí escondido?
Hay que guardar eso que está ahí.
Aquello
Aquello que ves a lo lejos es mío.
Aquello era desconocido para mí.
Me refería a aquello.

NEUTRAL PLURAL

Same as masculine plural form.

Possessive Pronouns

Spanish: **Pronombres Posesivos**

Possesive Pronouns refer a person, object or any other living or non-living being and to whom they belong to. They come in the 3 grammatical persons in feminine, masculine, singular and plural and neuter form.

1st person	*Mío, mía, míos, mías, nuestro, nuestra, nuestros, nuestras.*
2nd person	*Tuyo, tuya, tuyos, tuyas, vuestro, vuestra, vuestros, vuestras.*
3rd person	*Suyo, suya, suyos, suyas.*

Examples:

Este libro es mío.

Yo no sabía que esta computadora era tuya.

Todo lo que sea suyo, devuélveselo.

Indefinite Pronouns

Spanish: **Pronombres Indefinidos**

Indefinite Pronouns refer to people, objects, living or non-living beings, without specifying any details about them. They are not defined.

They come in different forms: affirmative, negative and quantity. Some are pronouns, some others adjectives.

1ST GROUP: Affirmative Meaning

Algo, alguien, alguno; cada uno, cada cual; cualquiera, quienquiera, fulano, zutano, mengano, perengano.

2ND GROUP: Negative Meaning

Nadie, nada, ninguno.

3RD GROUP: Express Quantity or Number

Uno, otro; varios; bastante, harto, mucho, poco; más, menos, cuanto, tanto.

**As said before, these words can work as pronouns or adjectives.

The following will always work as pronouns within sentences:

Alguien, nadie; cada uno; cada cual; quienquiera.

Examples Using Indefinite Pronouns Within Sentences:

Cada cual puede hacer con su vida lo que mejor le plazca.
Yo no me meto con nadie y así, me evito problemas.
No encuentro nada de lo que compré en el viaje.
Hay algo que me atrae de ese chico.
Alguien me dió un golpe en la cabeza y no sé quién fue.
Ninguno de ustedes puede retroceder en la elección que acaban de hacer.
Tú tienes algo que me pertenece.

Relative Pronouns

Spanish: **Pronombres Relativos**

They refer to a subject/noun previously mentioned.

Relative Pronouns are: *que, quien, cuyo, cual, cuanto.*

*"La esperanza es la mano misteriosa **que** nos acerca a lo que deseamos".*

In the example above, the noun '*mano*' is the aforegoing element to be referred to by the relative pronoun '*que*'.

*"Ismael estudió la carrera de cazador de ballenas, **la cual** es muy difícil."*

In this example, the relative pronoun '*la cual*', refers to the previously mentioned subject '*la carrera*'. Expressing it is very difficult.

As in other grammatical elements, **relative pronouns**, come in singular, plural, feminine and masculine.

	SINGULAR					PLURAL			
Neuter	*que*	*quien*		*cual*			*quienes*		*cuales*
Feminine	*la que*		*cuya*	*la cual*	*cuanta*	*las que*		*cuyas*	*las cuales*
Masculine	*el que*		*cuyo*	*el cual*	*cuanto*	*los que*		*cuyos*	*los cuales*

**Be Careful with *que*. When there's a noun to be referred and the context indicates it, '*que*' works as a relative pronoun, otherwise it a conjunction.

- In questions, *que* is always a pronoun.
  ¿Qué hiciste de comer?
- In exclamations, *que* is a pronoun as well.
  ¡En qué estabas pensando!
- Within a comparative sentence, *que* is a pronoun.
  Es mejor ser pobre que ladrón.
- After a verb, *que* works as a pronoun also.
  Sancho amigo, has de saber que yo nací por querer del cielo . . .

Interrogatives, Exclamations

Spanish: **Interrogación y Exclamación**

In Spanish, as in other languages, it is sometimes necessary to ask questions: to get directions, the time, the weather, etc. There are questions that can be answered with yes or no and there are questions that need details.

**In Spanish there are 2 question marks and 2 exclamation marks, accordingly: ¿? ¡. . .

This is to open the question/exclamation and to close it. This comes in handy whenever you are reading aloud since you know where the question/exclamation starts and can make the voice emphasis.

Following are the **question words** used in Spanish, all of them have accent marks and the proper question marks.

¿Cuál? ¿Cuáles?	Which (one(s))?	**¿De dónde?**	From where?
¿Cuándo?	When?	**¿Qué?**	What?
¿Cuánto?	How much?	**¿Para qué?**	What for?
¿Cuánta?		**¿Por qué?**	Why?
¿Cuántos?	How many?	**¿Quién?**	Who?
¿Cuántas?		**¿Quiénes?**	
¿Cómo?	How? What?	**¿A quién? ¿A quiénes?**	Whom?
¿Dónde?	Where?	**¿De quién? ¿De quiénes?**	Whose?
¿Adónde?	To where?		

These words alone or preceded by a preposition, introduce interrogative or exclamatory sentences, **directly**:

¿Qué pasó?
¿Cuál es tu número telefónico?
¿Cuáles son tus pertenencias?
¿Cuánto cuesta?
¿Cuánta gente vendrá?
¿Cuántos amigos tienes?
¿Cuántas monedas necesitas?
¿Cómo le hago?
¿Dónde estás?
¿Adónde vas?

¿De dónde lo obtuviste?
¿Para qué lo requieres?
¿Por qué no viniste?
¿Quién es tu novia?
*¿Quiénes son tus papás?**
¿Quiénes te acompañan?
¿A quién se lo vas a dar?
¿A quiénes les fue mal en el examen?
¿De quién es este lápiz?
¿De quiénes son estos libros?

***In Spanish the plural 'papás' refers to both parents; the mother and the father. Even though it is in masculine.**

¡Pero qué dices!
¡Cuál es tu problema!
¡Cuáles materias reprobaste!
¡Cuánto tiempo ha pasado!
¡Cuánta coincidencia!
¡Cuántos años sin vernos!
¡Cuántas veces lo tengo que repetir!
¡Cómo estás!
¡Dónde has estado!
¡Adónde se fueron todos!
¡De dónde saliste!
¡Para qué te ibas!
¡Por qué lo invitaste!
¡Quién fue!
¡Quiénes estaban en el accidente!
¡A quién le dieron el premio!
¡A quiénes descubrieron!
¡De quién es la culpa!
¡De quiénes son los niños gorrosos!

The words above can also refer to and introduce interrogative and exclamatory sentences, **indirectly**:

'Ya verás qué bien la pasaremos'
'No explicó cuáles fueron las causas de muerte'
'No imaginas cómo ha crecido mi hijo'
'El termómetro indica cuánto ha subido la temperatura'
'Pregunta por dónde se entra al restaurante'

They can function as nouns, as well:

'A mí no me importa el cómo, sino cuánto tiempo te tardas en realizar el trabajo'.
'Me tienes que decir el cuándo y el dónde de la intervención'.

The particle ***'que'*** have various grammar functionalities in Spanish:

- **Pronoun** on interrogative, exclamatory or relative sentences;
  ¿Qué estás haciendo?, ¡Qué perro tan juguetón!. . .
- **Conjuction**. *'Mira que estoy aquí'*
- **Subordinating Noun**. *'Te dije que vinieras'*
- **To introduce a question**. *'¿Qué cocinarás hoy?'*

Difference between ***por qué, porqué, porque, por que***.

a) ***Por qué***. Introduces interrogative and exclamatory sentences, directly and indirectly;
   '¿Por qué llegaste tan temprano?',
   '¡Por qué dejaste que se fuera!,
   'No entiendo por qué estás enojado'
b) **Porqué**. It is a masculine noun referring to a cause, a motive or a reason and it is written with accent since it is a word categorized as 'aguda' (See *'Rules for Stress in Spanish'* for more reference);
   'El porqué de que las ballenas lleguen en invierno es un misterio'
   'En esta vida, todo tiene un porqué'

c) **Porque**. It works as a conjunction. It is replaceable by the phrases *'puesto que'* and *'ya que'*. It is mainly used to give explanation to a question (frequently made using the question word *'¿Por qué . . .?'*).
'¿Por qué no fuiste a la fiesta?
Porque me sentía enferma'.

d) **Por que**. We can find these two words together in sentences whenever they are working separately as preposition and relative pronoun respectively; or whenever they are working separately as a preposition and a conjunction. In the latter case, since they are working on their own, they can be split, or as a separable phrase (which isn't, they are just working independently within a statement).
'Este es el motive por el que quise que vinieras a mi casa'
'Brindemos por los que ya no están con nosotros'.

Tenses

By now, we know words are classified according their formal variations, how they work and their meaning.

There are eight word categories within grammar: **nouns, adjectives, articles, pronouns, verbs, adverbs, prepositions and conjunctions.**

****Interjections** are not considered a grammatical category since they don't perform any function within syntax.

Verbs express actions, attitudes, transformations, modes and movements about things and beings.

Verbs have different attributes: **person, number, mode** and **time**.

The combination of some of them on a single verb is called *Conjugation (Spanish: conjugación).*

Verb Attributes

Number & Person

Verbs indicate the person doing the action, whether singular or plural.
On the following chart you can see different verb forms with their respective person and number.

Grammatical Person	Singular	Plural
First	Yo sonrio	Nosotros sonreimos Nosotras sonreimos
Second	Tú sonríes Usted sonríe	Ustedes sonrien Vosotros sonreís
Third	Él sonríe Ella sonríe	Ellos sonríen Ellas sonríen

However, in Spanish, the personal pronoun is usually omitted since the verb form itself is enough to express the grammatical person they refer to.

That´s why saying *'yo sonrio'* is all right as well as *'sonrio'*, the pronoun *'yo'* is already expressed.

Yo practico yoga = Practico yoga
Tú practicas yoga = Practicas yoga
Él practica yoga = Practica yoga
Ella practica yoga = Practica yoga
Nosotros practicamos yoga = Practicamos yoga
Nosotras practicamos yoga = Practicamos yoga
Ustedes practican yoga = Practican yoga
Ellos practican yoga = Practican yoga

**During your examination you may be asked to identify the correct conjugations for verbs on a certain person. Questions like the following, can be encountered:

**Choose the best answer to complete the following sentence:*

El ______ una camisa azul, yo ______ una verde.

(A) *tener, tener*
(B) *tener, tengo*
(C) *tiene, tener*
(D) *tiene, tengo*

*Correct Answer: D

Mode

There are 3 different modes to express what we want to say in Spanish: **Indicative, Subjunctive** and **Imperative**.

Indicative: refers to real facts whether in past, present or future.

Yo canto en un bar.
Nosotras estudiamos en La Universidad de Chile.
Por favor, empiecen de nuevo.

Subjunctive: expresses possible facts or actions, desires, doubts, beliefs, suppositions or anything the speaker may be afraid of.

Deseo que todos asistan a mi fiesta.
Nos gustaría que María hablara en la asamblea.
Probablemente no te convenga venir a mi casa.

Imperative: expresses an order or a petition. It occurs only in both singular and plural of the second person.

Abre la ventana, por favor.
No fumen adentro de la casa.
Empieza de nuevo.

Time

The main tenses are: **Present, Past** and **Future**. However, there are other tenses to express diverse temporalities, known in Spanish as: ***Copretérito, Pospretérito, Antepresente, Antepretérito, Antefuturo, Antecopretérito*** and ***Antepospretérito***.

Verb Tenses can be simple or compound.

Simple Verb Tenses are formed by the verb and a different ending depending on the person, time, gender and number.

Compound Verb Tenses are formed by the auxiliary verb 'haber' and the participle of the corresponding verb matching with person, time, gender and number.

Some Examples:

Simple	***Yo bailo***	***Ella bailó***	***Nosotros bailaremos***
Compound	*Yo he bailado*	*Ella hubo bailado*	*Nosotros habríamos bailado*

Following are the Indicative, Subjunctive and Imperative modes on the different tenses:

INDICATIVE MODE TENSES	
Simple	**Examples**
Present Presente	Amo
Past Pretérito	Amé
Future Futuro	Amaré
Past Imperfect Copretérito	Amaba
Conditional Simple I Pospretérito/Condicional	Amaría
Compound	**Examples**
Present Perfect Simple Antepresente	He amado
Past Perfect Simple Antepretérito	Hube amado
Future Perfect Antefuturo	Habré amado
Antecopretérito	Había amado
Conditional Simple II Antepospretérito	Habría amado
SUBJUNCTIVE MODE TENSES	
Simple	**Examples**
Present Presente	Ame
Past Pasado	Amara/Amase
Future Futuro	Amare
Compound	**Examples**
Present Perfect Simple Antepresente	Haya amado
Past Perfect simple Antepretérito	Hubiera amado
Future Perfect Antefuturo	Hubiere amado
IMPERATIVE MODE TENSES	
Simple	**Examples**
Present Presente	Ama (tú)

The Indicative

As mentioned before, the **indicative** expresses actions, events and anything believed to be true. It indicates everything that is concrete, tangible (contrary to the subjunctive which expresses all that is abstract).

Present Indicative

Spanish: **Presente**

It expresses:

- The referred action is taking place at the moment it is spoken.
    - *Ahora quiero un té.*
    - *Lo veo y no lo creo. **Popular phrase in some Spanish speaking countries*
    - *Veo que tienes frío.*

- Routine activities.
    - *Corro 30 minutos todas las mañanas.*
    - *Mi mamá cocina pescado todos los viernes.*
    - *Todos los domingos visitamos a los abuelos.*

**During your examination: Look for the reference in time that indicates it is a routine activity. In the examples above the phrase *'todas las mañanas'*, *'todos los viernes'* and *'Todos los domingos'*, respectively, indicate so.

- Historical Present: Actions that happened in the past with a present feeling.
    - *Cerca del año 500 cae el Imperio Romano.*
    - *En 1895 se construye el primer sistema de radio.*
    - *Se juegan por primera vez los Juegos Olímpicos en México en 1968.*

- Universal truths.
    - *La tierra gira alrededor del sol.*
    - *El agua es un elemento vital.*
    - *En agosto cumplo años.*

- Actions referring the future.
    - *El próximo martes tengo examen de aritmética.*
    - *En dos años termino de pagar mi carro.*
    - *La semana que viene tengo cita con el dentista.*

Past Indicative

Spanish: **Pasado**

It refers to:

- An action that happened in the past and it is now completely finished.
    - *Entre 1890 y 1895 hubo una batalla*
    - *El verano pasado viajaron por el norte de África.*
    - *Hace un momento fui al baño.*

- An action happened in the past indicating when exactly occurred.
    - *Ayer por la tarde visité a mi abuela.*
    - *Cristóbal Colón descubrió América en 1492.*
    - *Los Reyes de España visitaron el país vasco en noviembre.*

Future Indicative

Spanish: **Futuro**

- It refers to actions that haven't taken place, yet. However, they're likely to occur.
    - *El lunes iré a comer un helado.*
    - *Viviré en Cartagena por los siguientes dos años.*
    - *En 2 meses obtendré mi título de abogado.*

- Uncertain situations.
    - *Juan pesará unos 70 kilos.*
    - *Calculo que obtendré 90 de calificación en el examen de ciencias.*
    - *¿Se encontrará bien Laura después del accidente?*

- Obligation or mandate.
    - *Vendrán con migo aunque no quieran.*
    - *Desde este momento, prohibiré las salidas por la noche.*
    - *La maestra dijo que tendrás que hacer un trabajo extra.*

- It's common to use the verb *'ir'* as an auxiliary, to express that an action is going to occur in the future. The auxiliary verb *'ir'* may be in different conjugation forms, the verb accompanying it is written in present tense.
    - *El lunes voy a ir a comer un helado.*
    - *Sofía va a ir a traer el pastel.*
    - *Nosotros vamos a ir a cantar en el festival.*

Past Imperfect

Spanish: **Copretérito**

- It refers to two actions happening simultaneously.
  - *Limpiaba la casa cuando sonó el teléfono.*
  - *Mientras cocinaba, tiré por accidentalmente el pastel de la mesa.*
  - *Siempre que tomaba una ducha, escuchaba la radio.*
- It also refers to actions that happen in the past routinely.
  - *En Navidad siempre bebíamos licor hasta que me enfermé.*
  - *Cuando era niña me llevaban al zoológico todos los domingos.*
  - *Siempre que comía mariscos me enfermaba, hasta que fui con un alergólogo.*

Conditional Simple I

Spanish: **Pospretérito**

- It refers to a future statement based on a past or present fact.
  - *La verdad, si querría un vaso de agua.*
  - *Si fueses más cuidadoso, no se te perderían todas tus cosas.*
  - *Me darías la razón si estuvieras en mi lugar.*
- Appreciation, interest or a fact about a past or future action.
  - *Con este descubrimiento ganarías un Premio Nobel.*
  - *Eso me costaría la vida.*
  - *Tu idea podría funcionar.*
- Courtesy.
  - *¿Me prestarías tu reloj?*
  - *Me preguntaba si te gustaría colaborar con nosotros.*
  - *¿Podrías pasarme la herramienta que está allá?*

Compound Forms

Compound forms use the auxiliary verb *estar* in its different tenses.
For example:

Yo he caminado *Yo hube caminado* *Yo hubiese caminado*
Yo habría caminado *Yo hubiera caminado* *Yo hubiera ido a caminar . . .*

Present Perfect Simple

Spanish: **Antepresente**

- Refers to actions that happened recently.
    - *Últimamente, han incrementado los precios.*
    - *He estado lesionado desde hace 2 semanas.*
    - *El dólar ha incrementado en los últimos días.*
- Past actions that have an expiration date on the present.
    - *He tenido diabetes desde entonces.*
    - *El día de hoy se ha vencido mi pasaporte.*
    - *Desde ayer he tenido malestar estomacal.*

Past Perfect Simple

Spanish: **Antepretérito**

- It refers to an action that is over now, related to another in an ended past also.
    - *En cuanto hubo terminado el filme, salió sin despedirse.*
    - *Tan pronto como hubo desempacado su equipaje, se hechó a dormir.*
    - *Apenas hubo oído las campanadas, corrió hacia la capilla.*

Future Perfect

Spanish: **Antefuturo**

- It refers to an action that will happen in the future after another future action.
    - *Para mañana no habrán resistido la tentación de comerse la galleta.*
    - *Para entonces ya habrás terminado.*
    - *Cuando anochezca habré bebido demasiado alcohol.*
- When there´s doubt about an action that's taken place in the past.
    - *¿Me pregunto si se habrá dado cuenta de su error?*
    - *No estoy segura si los camarones se habrán cocinado para mañana.*
    - *¿Habrá terminado el espectáculo para entonces?*

Antecopretérito

Spanish: **Antecopretérito**

- Refers to an action in the past based on another past action.
    - *Para cuando se inventó la televisión, la radio ya se* ***había inventado***.
    - *Al tiempo que yo comenzaba a utilizar pantalones, George Sand ya se* ***había cansado*** *de ellos.*
    - *Pensé que ya* ***había pasado*** *el desfile por mi casa.*

**To be explicit: In the first example, *'Para cuando se inventó la television, la radio ya se había inventado'*. First, the radio was invented, then the tv. We are talking, as a main topic, about the tv which happened after the radio—i.e., a past event after another past event.

Conditional Simple II

Spanish: **Antepospretérito**

- Refers to an action that didn't happen but it was highly likely to happen.
  - *Nicolasa se hubiera perdido de la película si no hubiese llegado a tiempo.*
  - *Todos hubieramos perdido el tren.*
  - *La naturaleza no hubiera podido hacerlo mejor.*
- Refers to a future action that will happen before another future action; both depending on a past action.
  - *Me dijeron que para cuando lloviera ya habrían tenido listos los paraguas.*
  - *Para cuando volviera, habría cocinado la cena.*
  - *Cuando el concierto hubiera terminado tú ya estarías aquí.*
- Expresses the consequence of an action, sometimes with a sense of doubt.
  - *Habríamos llegado a tiempo si no te hubieras tardado.*
  - *Habrían sido las 8 de la mañana cuando tembló en Santiago de Chile.*
  - *¿Habría recibido Antonio los regalos?*

The Subjunctive

It expresses the attitude a subject takes in respect to something or someone. It usually needs another verb which determines the meaning and feeling of the attitude referred to in the sentence. It's common to use the word *'que'* in subjunctive sentences; however, not all subjunctive statements involve the word *'que'* in them.

Subjuntive: Simple Tenses

Present Subjunctive

Spanish: **Presente Subjuntivo**

- To express a present or future action based on another one.
  - *Dudo que lleguemos a tiempo.*
  - *Cuando tengamos dinero, nos iremos a vacacionar.*
  - *No conviene que esperes a que llegue el chofer. Se va a demorar.*
- Within imperative sentences; first person in plural
  - *Búsquemos rápidamente.*
  - *Tengamos paciencia.*
  - *Esperemos aquí sentados.*
- Within imperative sentences; imperative negative sentences
  - *No tengas miedo.*
  - *No le des de comer a los animales.*
  - *No te apresures.*

- For doubt
  - *No sé si tengan agua.*
  - *Creo que carecen de respeto.*
  - *No estamos seguros de que puedan lograrlo.*

- Possibility
  - *Tal vez llegue pronto.*
  - *Pueda ser que esté enfermo.*
  - *Quizá me traigan un regalo.*

- Desire
  - *Ojalá cambies de parecer.*
  - *Espero tener dinero para Enero.*
  - *Desearíamos que estuvieramos delgadas.*

- Disjunctive statements
  - *Oigas lo que oigas, no prestes atención.*
  - *Lo lograré sea como sea.*
  - *Así te irás, estés preparado o no.*

Past Subjunctive

Spanish: **Pasado Subjuntivo**

- It refers to a further action to another occurred in the past.
  - *Me pidieron que trajera vino.*
  - *Carolina le pidió a su hermano que trajera comida.*
  - *Esteban no sabía que Lorena tuviese gripe.*

- Indicates condition.
  - *Si fueras cortés, no tuvieses estos problemas.*
  - *Fuese más efectiva, si mi trabajo estuviese mejor organizado.*
  - *Si pensara que no puedes, ya estuvieras fuera del equipo.*

Verbs in past subjunctive has two different endings in Spanish. Both acceptable and valid. Verbs can end with -*ra*** or -***se***.

  - *tuviera – tuviese*
  - *quisiera – quisiese*
  - *caminara – caminase*

Difference between **Past Indicative** and **Past Subjuntive**.

Indicative: *Se cree que Rómulo* ***fundó*** *Roma.*
Subjuntive: *No se sabe si ni se tiene por auténtico que Rómulo* ***fundara/fundase*** *Roma.*

Indicative: *Yo* ***tuve*** *un gatito.*
Subjuntive: *No sabía que* ***tuvieras/tuvieses*** *un gatito.*

Future Subjunctive

Spanish: **Futuro Subjuntivo**

- The Future Subjunctive refers to an upcoming action; hypothetical, or it can be a future action based on another. It is commonly used in popular expressions and phrases as well as in literary texts.
    - *Si creyeres que Jesús ha resucitado . . .*
    - *A donde fueres haz lo que vieres.*
    - *Si tuvieres que esperar una eternidad para ver a tu amada ¿Lo harías?*

Subjunctive: Compound Tenses

Present Perfect

Spanish: **Presente Perfecto**

- It refers to a past action before another.
    - *No creo que haya aprobado el examen.*
    - *El que yo haya ido a cenar tacos hoy, no significa que engordaré.*
    - *Que Ramona haya perjudicado a tantas personas no es tu culpa.*
- It also refers to the desire and probability that something happened.
    - *Es probable que haya dormido más de lo normal.*
    - *Quizá haya soñado que te llamaba por el teléfono.*
    - *Tal vez Mariano haya llegado antes que nosotros.*

Past Perfect

Spanish: **Pasado Perfecto**

- It refers to a past action based on another past action.
    - *Lamento que hayas tenido que hacer el trabajo dos veces.*
    - *No creo que yo hubiera podido llegar a tiempo.*
    - *Raúl hubiese ayudado a la comunidad.*
- It refers to what the subject wishes to happen, which aren't possible anymore.
    - *¡Quién lo hubiera imaginado!*
    - *Si hubiera llegado a tiempo, hubiera alcanzado pastel.*
    - *Gabriela hubiese sido saludable, si se hubiese alimentado correctamente.*

Future Perfect

Spanish: **Futuro Perfecto**

- It refers to a hypothetical action. It is hardly ever used in spoken Spanish. However, you can find it on classic literature.
    - *Si para el lunes hubieres terminado el trabajo, ya no tendrías que venir mañana domingo.*
    - *Serás acreedor a un auto nuevo, si para octubres hubieres recabado dinero.*
    - *Si para fin de año Juan Pablo hubiere asistido a la escuela, tendrá un gran futuro.*

Active & Passive Voice

Spanish: **Voz Activa y Voz Pasiva**

We've seen there are different word categories in grammar; mode, tense, number and subject. However, there's another one known as **voice**.

The **voice** is the form the verb takes according to who is performing the action and who is receiving it. Therefore, there are two different **verb voices**: ***Active Voice & Passive Voice***.

Active Voice: Refers to the subject who's 'doing' the action.
Passive Voice: Refers to the subject who's 'receiving' the action.

Examples:

Active Voice: *El **panadero** hornea el pan.*
Passive Voice: *El **pan** es horneado por el panadero.*
Translation:
*Active Voice: The **baker** bakes the bread.*
*Passive Voice: The **bread** is baked by the baker*

We have 2 subjects: '*panadero*' and '*pan*'. When we speak in active voice the first subject executes the second one. On the other hand, whenever we speak in passive voice, it is emphasized the second subject being executed by the first one.

The use of one or the other is determined by what is to be emphasized. ***Passive Voice*** is commonly used during political speeches or whenever we want to be more specific.

For example, if we say:

Ellos están recaudando fondos.
They are raising funds.

We know this is a sentence in ***Active Voice***.
The pronoun '*ellos*' is executing the action of '*recaudar*'. At the same time, the noun '*fondos*' is receiving it.

However, the pronoun '*ellos*' is vague; too general.
We don't know exactly who '*ellos*' are.
Henceforth, ***Passive Voice*** must be used instead.

This would be a better way of expressing such idea:

Los fondos están siendo recaudados.
Funds are being raised.

Since the noun '*funds*' is the main idea of the sentence, now using ***Passive Voice*** that is emphasized.
Although, if the pronoun '*ellos*' is relevant and must be indicated within the sentence, we can always use de prepositions '*por*' or '*de*' to introduce it.

'Los fondos están siendo recaudados <u>por</u> ellos'.

Notice how the verb changes to a perfect form when is converted into a passive statement. In Spanish all perfect tenses have the following endings: *-ado, -edo, -ido, -to, -so, -cho.*

E.g; *estado, almorzado, teñido, deshecho, impreso, puesto . . .*

Another example:

Cristóbal Colón descubrió América.
Cristopher Columbus discovered America.

This is ***Active Voice***, we know both nouns: '*Cristobal Colón*' and '*América*' are relevant and well known. However, if we find ourselves in need of changing into a ***Passive Voice*** statement emphasizing the noun '*América*', this would be the correct sentence:

América fué descubierta por Cristóbal Colón.
America was discovered by Cristopher Columbus.

As mentioned:

- The preposition '*por*' is being used to introduce the 'doer' of the action.
- The verb is in a perfect tense.

The examples above were an explanation related to the ***Active & Passive Voices*** you are accustomed to using in English. Here are some important points to take into account:

1. ***Active Voice*** is the colloquial and natural way of speaking.

2. There are 2 ways of expressing ***Passive Voice*** in Spanish:
   a) The first form for expressing a passive statement consists on setting the verb ***ser*** before the verb in ***participle***.
   The verb ***ser*** must go along with the conjugation meant: present, past, future (on all its different modes), 1st, 2nd and 3rd in both plural and singular.

   Example:

   <u>SER + VERB IN PARTICIPLE</u>
   Yo **soy** *conoc***ido** = *present*
   Tú **eras** *conoc***ido** = *past imperfect*
   Ella ***fue*** *conoc***ida** = *past perfect simple*
   Nosotros **seremos** *conocidos* = *Future*
   Armando y Carolina ***serían*** *conoc***idos** = *Conditional*

   It just applies only for **transitive verbs** not for **intransitive verbs**.
   ****for more information about transitive and intransitive verbs look at the 'verbs' section.**
   Therefore, the following sentence: '*Ellos ríen*' doesn't exist in a ***Passive Voice***, since the verb '*reir*' is **intransitive**.

   At the same time, it is not possible to make a ***Passive Voice*** version from a sentence without a **direct object**: This means a sentence with one noun.

For example:

'El campesino siembra'.

There's just one noun/subject: '*campesino*'

We just have a *doer*, we don't have a *receiver* = *direct object.*

Therefore, we cannot build a passive voice from this sentence.

However, if we had a *receiver/ direct object* that would be possible:

Active Voice: *'El campesino siembra flores'*

Passive Voice: *'Las flores son sembradas por el campesino'*

b) The second form for expressing a passive statement consists in interpreting the sentence as a third person adding the particle ***'se'***.

Example:

Active Voice: *Los campesinos siegan el trigo.*

Passive Voice: *Se siega el trigo por los campesinos.*

Active Voice: *El campesino siembra*

Passive Voice: *Se siembra* (por el campesino).

There are two types of verbs that can't be expressed in ***Passive Voice*.

These are: ***impersonal verbs*** and ***pronominal verbs*** (see verbs section for more information about verbs).

- It is completely unacceptable to say or write: *se llueve, se graniza . . .* (impersonal verbs)
- It is completely unacceptable to say or write: *se se ausenta, se se arrepiente . . .* (pronominal verbs).
- However is possible to say: ***uno*** *se arrepiente,* ***uno*** *se ausenta . . .*

Non-Personal Verb Forms

Spanish: **Formas No Personales del Verbo**

The non-personal verb forms are: ***Infinitive, Gerund*** and ***Participle***. They do not appear with any variation nor indicate person, mode or time, since they are in a base form with no conjugation.

The Infinitive

Spanish: **El Infinitivo**

The **Infinitive** form is the base form for all verbs.
Depending on their ending, their classified within 3 categories:

First Conjugation	Second Conjugation	Third Conjugation
-ar	**-er**	**-ir**
cantar *amar* *caminar*	*querer* *tener* *correr*	*salir* *dormir* *sentir*

The **Infinitive** form, besides being a verb, can function as a noun. Sometimes can be accompanied by an article and adjectives.

Example:

Cazar animales en extinción es un delito.
El cantar ha sido una forma de arte durante siglos.

The **Infinitive** can be found in both simple and compound forms:

SIMPLE	COMPOUND
amar	haber amado
tener	haber tenido
sentar	haber sentado

The Gerund

Spanish: **El Gerundio**

This is a non-personal form of a verb which expresses an action continuously in progress.
Verbs end with ***-ando, -iendo, -yendo***.

Examples: *caminando, comiendo, leyendo . . .*

The **Gerund** can work as an adverb as well.
Examples: *Mariano habla haciendo gestos, El niño llegó llorando.*

The **Gerund** can be found in both simple and compound forms:

SIMPLE	COMPOUND
amando	habiendo amado
teniendo	habiendo tenido
sentando	habiendo sentado

We use this non-personal verb form whenever we refer to a simultaneous action or an action before another.

** The **Gerund** never refers to an action after another.

Examples:

Mirando hacia el cielo veo a las aves.

Habiendo limpiado mi casa, me dispuse a descansar.

Esos niños viven viajando por todo el mundo.

The Participle

Spanish: **Participio**

This non-personal form of the verb express an action already performed.

Regular endings: ***-ado, -edo, -ido***.

Irregular endings: ***-to, -so, -cho***.

Examples: *interesado, entendido, entrenado, deshecho, escrito, dicho, concluido . . .*

The **Participle** in Spanish can function as an adverb, as well.

Examples:

Trabajaba concentrado

Persona interesada

Caballo entrenado

There are some verbs that work as a verb in participle whenever they end with a regular ending (*-ado, -edo, -ido*) and work as an adjective whenever they end with an irregular ending (*-to, -so, -cho*).

Examples:

Verb in Participle Form	Verb Functioning as an Adjective
*Has **freído** los plátanos.*	*Los plátanos se comen **fritos**.*
*Ella fue **elegida** por la mayoría como Presidenta.*	*Ella es la nueva Presidenta **electa**.*
*Jesús ha **imprimido** su nombre en la etiqueta.*	*Las etiquetas **impresas** en blanco y negro se extraviaron.*

Not all verbs can work as a participle form and as an adjective.

Just some verbs do:

extendido	extenso
imprimido	impreso
bendecido	bendito
extinguido	extinto
convertido	converso

suspendido	suspenso
expresado	expreso
recluido	recluso
concluido	concluso
despertado	despierto

Conjugation of *Estar*

INDICATIVE					
Simple Form					
PRONOUN	PRESENT	PAST	FUTURE	PAST IMPERFECT	CONDITIONAL SIMPLE I
yo	*estoy*	*estuve*	*estaré*	*estaba*	*estaría*
tú	*estás*	*estuviste*	*estarás*	*estabas*	*estarías*
él	*está*	*estuvo*	*estará*	*estaba*	*estaría*
ella	*está*	*estuvo*	*estará*	*estaba*	*estaría*
nosotros	*estamos*	*estuvimos*	*estaremos*	*estábamos*	*estaríamos*
nosotras	*estamos*	*estuvimos*	*estaermos*	*estábamos*	*estaríamos*
vosotros	*estáis*	*estuvisteis*	*estaréis*	*estabais*	*estaríais*
vosotras	*estáis*	*estuvisteis*	*estaréis*	*estabais*	*estaríais*
usted	*está*	*estuvo*	*estará*	*estaba*	*estaría*
ustedes	*están*	*estuvieron*	*estarán*	*estaban*	*estarían*
ellos	*están*	*estuvieron*	*estarán*	*estaban*	*estarían*
ellas	*están*	*estuvieron*	*estarán*	*estaban*	*estarían*

Compound Form					
PRONOUN	PRESENT PERFECT	*ANTECOPRETÉRITO*	PAST PERFECT	FUTURE PERFECT	CONDITIONAL SIMPLE II
yo	*he estado*	*había estado*	*hube estado*	*habré estado*	*habría estado*
tú	*has estado*	*habías estado*	*hubiste estado*	*habrás estado*	*habrías estado*
él	*ha estado*	*había estado*	*hubo estado*	*habrá estado*	*habría estado*
ella	*ha estado*	*había estado*	*hubo estado*	*habrá estado*	*habría estado*
nosotros	*hemos estado*	*habíamos estado*	*hubimos estado*	*habremos estado*	*habríamos estado*
nosotras	*hemos estado*	*habíamos estado*	*hubimos estado*	*habremos estado*	*habríamos estado*
vosotros	*habéis estado*	*habíais estado*	*hubisteis estado*	*habréis estado*	*habríais estado*
vosotras	*habéis estado*	*habíais estado*	*hubisteis estado*	*habréis estado*	*habríais estaod*
usted	*ha estado*	*había estado*	*hubo estado*	*habrá estado*	*habría estado*
ustedes	*han estado*	*habían estado*	*hubieron estado*	*habrán estado*	*habrían estado*
ellos	*han estado*	*habían estado*	*hubieron estado*	*habrán estado*	*habrían estado*
ellas	*han estado*	*habían estado*	*hubieron estado*	*habrán estado*	*habrían estado*

SUBJUNCTIVE			
Simple Form			
PRONOUN	PRESENT	PAST	FUTURE
yo	*esté*	*estuviera/ estuviese*	*estuviere*
tú	*estés*	*estuvieras / estuviese*	*estuvieres*
él	*esté*	*estuviera/ estuviese*	*estuviere*
ella	*esté*	*estuviera/ estuviese*	*estuviere*
nosotros	*estemos*	*estuviéramos/ estuviésemos*	*estuviéremos*
nosotras	*estemos*	*estuviéramos/ estuviésemos*	*estuviéremos*
vosotros	*estéis*	*estuvierais/ estuvieseis*	*estuviereis*
vosotras	*estéis*	*estuvierais/ estuvieseis*	*estuviereis*
usted	*esté*	*estuviera/ estuviese*	*estuviere*
ustedes	*estén*	*estuvieran/ estuviesen*	*estuvieran*
ellos	*estén*	*estuvieran/ estuviesen*	*estuvieran*
ellas	*estén*	*estuvieran/ estuviesen*	*Estuvieran*

Compound Form			
PRONOUN	PRESENT PERFECT	*ANTECOPRETÉRITO*	FUTURE PERFECT
Yo	*Haya estado*	*Hubiera/ hubiese estado*	*Hubiere estado*
Tú	*Hayas estado*	*Hubieras/ hubieses estado*	*Hubieres estado*
Él	*Haya estado*	*Hubiera/ hubiese estado*	*Hubiere estado*
Ella	*Haya estado*	*Hubiera/ hubiese estado*	*Hubiere estado*
Nosotros	*Hayamos estado*	*Hubiéramos/ hubiésemos estado*	*Hubiéremos estado*
Nosotras	*Hayamos estado*	*Hubiéramos/ hubiésemos estado*	*Hubiéremos estado*
Vosotros	*Hayáis estado*	*Hubierais/ hubieseis estado*	*Hubiereis estado*
Vosotras	*Hayáis estado*	*Hubierais/ hubieseis estado*	*Hubiereis estado*
usted	*Haya estado*	*Hubiera/ hubiese estado*	*Hubiere estado*
Ustedes	*Hayan estado*	*Hubieran/ hubiesen estado*	*Hubieren estado*
Ellos	*Hayan estado*	*Hubieran/ hubiesen estado*	*Hubieren estado*
ellas	*Hayan estado*	*Hubieran/ hubiesen estado*	*Hubieren estado*

IMPERATIVE	
Pronoun	Present
Tú	*está*
Usted	*esté*
Vosotros	*estad*
Vosotras	*estad*
ustedes	*estén*

Time

In Spanish: **Tiempo**

DAYS OF THE WEEK	
Días de la Semana	
lunes	monday
martes	tuesday
miércoles	wednesday
jueves	thursday
viernes	friday
sábado	saturday
domingo	sunday

MONTHS OF THE YEAR	
Meses del Año	
January	*Enero*
February	*Febrero*
March	*Marzo*
April	*Abril*
May	*Mayo*
June	*Junio*
July	*Julio*
August	*Agosto*
September	*Septiembre*
October	*Octubre*
November	*Noviembre*
December	*Diciembre*

SEASONS OF THE YEAR	
Estaciones del Año	
Primavera	Spring
Verano	Summer
Otoño	Fall/autumn
invierno	winter

OTHER TIME EXPRESSIONS	
hoy	today
ayer	yesterday
mañana	tomorrow
anoche	last night
antenoche	the night before last
por la mañana	in the morning
de la mañana	in the morning
en la mañana	in the morning
por la tarde	in the afternoon
de la tarde	in the afternoon
en la tarde	in the afternoon
por la noche	in the evening/night
de la noche	in the evening/night
la mañana	morning
el mañana	morrow, future
mañana por la mañana	tomorrow morning
pasado mañana	the day after tomorrow
el lunes que viene	next monday
la semana que viene	next week
el año que viene	next year
el lunes pasado	last monday
la semana pasada	last week
el año pasado	last year
al mediodía	at noon
a la medianoche	at midnight
alrededor de	around
durante el día	during the day
de día	days
de noche	nights
tarde	late
temprano	early
en punto	exactly, o'clock
a tiempo	on time

- In Spanish the word ***time*** refers to both time and weather.
- The verb ***ser*** expresses the time we are referring to.
- When we refer to one o'clock, we use ***es;*** *es la una en punto.*
- When we refer to all other hours we use ***son;*** *son las tres de la tarde.*
- Since the word '*hora*' is feminine, the feminine article '*la*' is used as well; '*son las siete y media*' . . .
- Minutes:
  - Are added using the word '*y*'; '*Son las doce y quince*'.
  - Can be added using the word '*menos*'; '*son las cinco menos veinte*'.
  - Can be added using the words '*media*' and '*cuarto*'; *son las nueve y media*', '*a las tres y cuarto nos vamos*'.
- Whenever we refer to a.m. or p.m. we use the expressions *'de la mañana', 'de la tarde'* and *'de la noche'; 'son las cinco de la mañana y no he dormido nada'* . . .

SECTION III: Sample Tests

Sample Test One

Listening: Rejoinders

Directions: You will hear short conversations or parts of conversations. You will then hear four responses, designated (A), (B), (C), and (D). After you hear the four responses, select the response that most logically continues or completes the conversation. Fill in the corresponding oval on your answer sheet. Neither the answer choices nor the conversations will be printed in your test booklet, so you must listen very carefully. You will have 10 seconds to choose your response before the next conversation begins.

Número 1. **FEMALE** ¿Eres casado?

MALE
(A) Sí, estoy cansado.
(B) Sí, vivo en el centro.
(C) Sí, me gusta la comida de mar.
(D) Sí, tengo una esposa.

Número 2. **MALE** ¿Qué quiere ser tu hijo cuando sea grande?

FEMALE
(A) Quiso ser músico.
(B) Quería ser Ingeniero.
(C) Quiere ser un Astronauta.
(D) Fue médico.

Número 3. **FEMALE** ¿Qué hace Luciana los domingos?

MALE
(A) Practica natación y sale a almorzar con su familia.
(B) Tiene mucha hambre.
(C) Mañana se va para Perú.
(D) Estuvo estudiando español.

Número 4. **FEMALE** ¿Quién es el profesor de francés?

MALE
(A) La señora Laura.
(B) La profesora de Francia.
(C) El señor Felipe.
(D) La directora de la escuela.

Número 5. **MALE** ¿Qué le vas a comprar a tu madre en su cumpleaños?

FEMALE
(A) Vamos al mar.
(B) Un bolso de cuero.
(C) Le compré un vestido.
(D) Fuimos de viaje.

Número 6. **MALE** ¿Cuál es tu lugar favorito en la universidad?
FEMALE
(A) Fue la biblioteca.
(B) Es mi amigo.
(C) Es el laboratorio.
(D) Será el auditorio.

Número 7. **MALE** ¿ Cuánto tiempo de televisión ves al día?
FEMALE
(A) Una vez al año.
(B) A las ocho horas.
(C) Un cuarto de hora.
(D) Un día.

Número 8. **MALE** ¿En dónde está el hotel?
FEMALE
(A) Frente al mar.
(B) Estuvo cerca a mi casa.
(C) Está para las vacaciones.
(D) Estará de inauguración.

Número 9. **MALE** ¿Qué mascota tienes?
FEMALE
(A) Un televisor.
(B) Un Xbox one.
(C) Una bicicleta.
(D) Un pájaro.

Número 10. **MALE** ¿Qué hiciste el fin de semana?
FEMALE
(A) Fui a nadar y a montar bicicleta.
(B) Estoy en el bar con mis amigos.
(C) Haré ejercicio en el gimnasio.
(D) Rento dos películas de comedia.

Número 11. **MALE** ¿Cómo celebrarás esta navidad?
FEMALE
(A) Fui al mar con mi familia.
(B) Tuve una fiesta de fin de año.
(C) Tendremos varias reuniones familiares.
(D) Compré muchos regalos en la navidad pasada.

Número 12. **FEMALE** ¿Qué ocurrió en el accidente de la madrugada?
FEMALE
(A) Hay un choque.
(B) Hubo 2 lesionados.
(C) habrá una noticia.
(D) Ocurren varias situaciones.

Número 13. **FEMALE** ¿Qué me sugieres?
FEMALE
(A) Las frutas son saludables.
(B) Quieres vegetales.
(C) Deseo más mantequilla.
(D) Quisiera un vaso con agua.

Número 14. **FEMALE** ¿Puedo dejar la propina en la mesa?
FEMALE
(A) La mesa es cuadrada.
(B) No, puedes ponerlo aquí.
(C) En efectivo.
(D) Sí, puedes dejarla ahí.

Número 15. **FEMALE** ¿Cuándo es la película?
MALE
(A) Es muy divertida.
(B) En media hora.
(C) Es muy corta.
(D) E s muy aburrida.

Número 16. **FEMALE** ¿Con quién vives actualmente?
MALE
(A) Viví con mi hermano.
(B) Viviré con mis compañeros de clase.
(C) Vivo cerca al estadio.
(D) Vivo solo.

Número 17. **FEMALE** ¿Qué quieres de postre?
MALE
(A) Prefiero unos frijoles
(B) Un pastel.
(C) Quiero pollo.
(D) Quiero espagueti.

Número 18. **FEMALE** ¿Hace cuánto usas Skype?
MALE
(A) Desde que inventaron la electricidad.
(B) Desde que tengo carro.
(C) Desde que lo inventaron los indios.
(D) Desde que Microsoft compró sus derechos.

Sample Test One

Listening: Dialogues and Narratives

Directions: You will hear a series of dialogues, news reports, narratives, and announcements. Listen carefully, as each selection will only be spoken once. One or more questions with four possible answers are printed in your test booklet. They will not be spoken. After each selection has been read, choose the best answer choice for each question and fill in the corresponding oval on your answer sheet. You will be given 12 seconds to answer each question.

Selección número 1

Viajando en Barco

CAPITÁN: Buenos días, señoras y señores. Soy el capitán Jorge Pino, estamos felices de tenerlos a bordo. Bienvenidos y disfruten su viaje. A partir de este momento revisaré sus tiquetes de barco.

BEATRIZ: Hola cómo está, soy la señora Beatriz Rincón.

CAPITÁN: Un placer conocerla, señora Rincón.

BEATRIZ: Aquí tiene mi tiquete.

CAPITÁN: Me puede deletrear su apellido.

BEATRIZ: Por supuesto capitán, es R-i-n-c-ó-n, con tilde en la O.

CAPITÁN: Ahora su nombre.

BEATRIZ: Es B-e-a-t-r-i-z.

CAPITÁN: Muchas gracias, una pregunta más, ¿Para qué país se dirige?

BEATRIZ: Para Alemania, sin embargo, me encontraré primero con mi esposo Luis y mi hijo Santiago en Suiza.

CAPITÁN: Alemania y Suiza son los preferidos por los turistas últimamente.

NARRADOR: *Ahora contesta las preguntas 19, 20, y 21.*

19. Después de darle la bienvenida a los pasajeros, ¿qué hará el Capitán?

(A) Revisará el equipaje.
(B) Asegurará que los pasajeros estén en su silla adecuada.
(C) Revisará los boletos.
(D) Saludará a todos los pasajeros

20. ¿Cuál es el apellido de la pasajera?

(A) P-i-n-p-o-n
(B) R-i-n-c-ó-n
(C) R-i-n-c-o-n
(D) P-i-n-c-ó-n

21. ¿Hacia qué país viaja Beatriz?

(A) Suiza.
(B) Primero a Suiza y luego para Alemania.
(C) Primero Alemania y luego para Suiza.
(D) Alemania.

Selección número 2

Una Familia Grande

ANGIE: Hola, Pedro, ¿cómo estás?

PEDRO: Excelente, ¿y tú Angie, eres casada?

ANGIE: Soy divorciada.

PEDRO: Entonces no tienes un esposo actualmente.

ANGIE: No, pero tengo un hijo y una hija. Él se llama Pablo y ella Paulina. ¿Tú tienes hijos?

PEDRO: Por supuesto, tengo cinco hijos, un carro nuevo, y cuatro perros.

ANGIE: Definitivamente tienes una familia grande.

PEDRO: Es verdad, cinco más cuatro y dos más, con mi esposa y suegra. ¿Y a qué te dedicas actualmente?

ANGIE: Trabajo como abogada en la compañía de mi madre.

PEDRO: Lo siento por ti porque es un trabajo muy tedioso

ANGIE: Oh, Pedro. ¡Que arrogante eres!

NARRADOR: *Ahora contesta las preguntas de 22, 23 y 24.*

22. ¿Hace cuánto se divorció Angie?

(A) Ella no menciona el tiempo del divorcio.
(B) Nueve meses
(C) Una semana
(D) Ella es casada.

23. ¿Cuántas personas conforman la familia grande de Pedro?

(A) 9 personas.
(B) 12 personas.
(C) 11 personas.
(D) 2 personas.

24. ¿Qué opina Pedro del trabajo de su amiga?

(A) Es muy arrogante.
(B) Es muy aburrido.
(C) Es muy bueno.
(D) Es muy bien pago.

Selección número 3

Encontrándonos a Victoria en el tren

ISABELA: Este es nuestro primer viaje en tren, ¿puedo llamarte Da, cómo en los viejos tiempos?

DAVID: Por supuesto.

ISABELA: ¿A qué te dedicas, Da?

DAVID: Soy enfermero. Y trabajo en una clínica de nefrología pediátrica en Pereira.

ISABELA: ¡Que interesante profesión! ¿Tú recuerdas a Victoria, una vieja amiga de la secundaria?

DAVID: No la recuerdo muy bien, ¿por qué?

ISABELA: Ella se encuentra en este tren.

VICTORIA: Hola, amigos, ha pasado bastante tiempo sin vernos.

ISABELA: Si amiga, estaba recordando con Da, cuando salíamos juntos a jugar baloncesto los domingos en la secundaria.

DAVID: Recuerdo que Victoria siempre fue más alta que nosotros y hacía las mejores anotaciones en los juegos.

VICTORIA: Es verdad Da, era tan buena jugando baloncesto, que ahora soy una jugadora profesional en el equipo de Colombia.

ISABELA: Es fantástico, quisiera que nos invitaras a un juego tuyo.

VICTORIA: Ustedes saben que sí. Serán los invitados principales a mi juego.

NARRADOR: *Ahora contesta las preguntas 25, 26 y 27.*

25. ¿Qué profesión y en qué trabaja David?

(A) Es enfermero y trabaja con nefrología
(B) Es médico y trabaja con nefrología
(C) Es enfermero y trabaja en un hospital
(D) Es médico y trabaja en un hospital

26. ¿Adónde se conocieron los tres amigos por primera vez?

(A) En la universidad.
(B) En la primaria.
(C) En la secundaria.
(D) En el tren.

27. ¿Adónde invitará Victoria a Pedro e Isabela?

(A) A un concierto de música romántica.
(B) A un viaje en tren por Colombia.
(C) A su casa en vacaciones.
(D) A su juego de baloncesto con su equipo Colombiano.

Selección número 4

En una cita médica

DOCTOR: ¿Qué le sucede Sebastián?

SEBASTIÁN: Tengo un dolor de cabeza y estómago.

DOCTOR: Tomemos su temperatura.

SEBASTIÁN: ¡Está bien!, Doctor.

DOCTOR: Revisemos, mmm, 40 grados. Abra su boca, por favor y diga, «ah».

SEBASTIÁN: ¡Aaaaaaaaaaaaah!

DOCTOR: Nada en su boca, su respiración está normal. Vamos a revisar su estómago.

SEBASTIÁN: Oh!, me duele mucho ahí y siento frío.

DOCTOR: ¿Qué comió anoche?

SEBASTIÁN: Me comí una caja llena de chocolates!

DOCTOR: Eso pudo ser la causa de sus dolencias. Guarde cama y tómese estas pastillas dos veces al día.

SEBASTIÁN: Gracias Doctor, ¡Hasta luego!

NARRADOR: *Ahora contesta las preguntas 28, 29 y 30.*

28. ¿Qué le duele a Sebastián?

(A) El estómago y la columna.
(B) El estómago y la cabeza.
(C) La cabeza y la columna.
(D) La cabeza y el brazo.

29. ¿Cuál es la causa posible de la enfermedad de Sebastián?

(A) Los chocolates que se comió.
(B) La comida del almuerzo.
(C) El desayuno con chocolate.
(D) El pastel de chocolate que se comió.

30. ¿Qué receta el doctor?

(A) Reposar y tomar las pastillas cada 24 horas.
(B) Reposar y tomar las pastillas cada 12 horas.
(C) Guardar cama y tomar las pastillas cada 8 horas.
(D) Guardar cama y tomar las pastillas dos veces a la semana.

Selección número 5

Practicando Natación

FELIPE: Mi nombre es Felipe. Hace un día bonito, o ¿Qué opinas?

CAMILA: ¡Maravilloso!

FELIPE: Veo que eres una excelente nadadora, ¿Te gustan los deportes en el agua?

CAMILA: ¡Me encantan!

FELIPE: ¡A mí también me encantan!, ¿Eres chilena?

CAMILA: Sí, de Santiago.

FELIPE: Me encanta esa ciudad, la conocí hace un año. A propósito, ¿Cuál es tu nombre?

CAMILA: Camila.

FELIPE: ¿Qué planes tienes esta noche?

CAMILA: Muchos, cómo soy una periodista, debo entrevistar al propietario de la escuela de natación, y luego debo estudiar para un examen de inglés para el próximo lunes.

NARRADOR: *Ahora contesta las preguntas 31, 32 y 33.*

31. ¿Cuál es la nacionalidad de Camila?

(A) Chile.
(B) Chilena.
(C) Santiago.
(D) Chileno.

32. ¿Cuándo conoció Felipe a Santiago?

(A) Cuando era un niño.
(B) Hace 6 meses.
(C) Hace 2 años.
(D) El año pasado.

33. ¿Cuáles son los planes de Camila en la noche?

(A) Nadar y estudiar.
(B) Entrevistar a Felipe y estudiar.
(C) Entrevistar al dueño y estudiar.
(D) Nadar y salir con sus amigos.

Selección número 6

Los periodistas escritores

Existen muchos reporteros en Sur América. Muchos de ellos mantienen ocupados escribiendo para los periódicos de las ciudades. Otros trabajan en las revistas nuevas escribiendo artículos. Los periodistas están felices porque las revistas tienen mucho espacio para publicar sus ideas y opiniones. Por el otro lado, los periódicos no los permiten extenderse en sus artículos, porque manejan muchos temas en tan poco papel. En las revistas se cuenta información sobre famosas entrevistas escritas, y mucha publicidad. Pero en el periódico se deben anunciar las noticias inmediatas del ámbito local e internacional.

NARRADOR: *Ahora contesta las preguntas 34, 35 y 36.*

34. ¿Qué tipos de reporteros escritores existen?

(A) Los que escriben para periódicos.
(B) Los que presentan noticias en televisión y escriben en revistas.
(C) Los que reportan lo sucedido en la ciudad.
(D) Los que escriben para los periódicos y revistas.

35. ¿Por qué están felices los periodistas escritores?

(A) Porque tienen mucho espacio en las revistas para plasmar sus ideas y opiniones.
(B) Porque ellos aman su profesión.
(C) Porque en los periódicos pueden plasmar sus ideas y opiniones.
(D) Porque pueden plasmar sus ideas y opiniones en revistas y periódicos.

36. ¿Qué tipo de periódicos hay?

(A) De ámbito local e internacional.
(B) De ámbito local, nacional e internacional.
(C) De ámbito local.
(D) Del ámbito nacional e internacional.

Selección número 7

Compañía «Música Eterna»

Música Eterna es una de las compañías más famosas alrededor del mundo, la cual patrocina todos los tipos de músicos y bandas, sin importar el género. Tiene varias sucursales en Europa, Asia, Norte y Sur América con un personal competitivo adentro. La sede principal está ubicada en el sur de Londres y tiene dos edificios grandes con varias oficinas. Afuera del primer piso hay un parqueadero para clientes y el personal del departamento. Adentro de este piso se encuentra la entrada principal con un portero. A la derecha de la entrada hay un vestíbulo que dirige hacia la recepción.

NARRADOR: *Ahora contesta las preguntas 37, 38 y 39.*

37. ¿Qué tipo de música patrocina la compañía Música Eterna?

(A) Música en Español.
(B) Rock y Pop.
(C) Todos los géneros musicales.
(D) Salsa y Pop.

38. ¿En qué continentes hay sedes?

(A) En América y África.
(B) En Norte América, Sur América, Europa, y Asia.
(C) En Norte y Sur América y Europa.
(D) En Asia, África, Europa y Norte América.

39. ¿Qué lugares se encuentran en el primer piso del edificio?

(A) Parqueadero y vestíbulo.
(B) Entrada principal y recepción.
(C) Parqueadero, entrada principal, y baño.
(D) Entrada principal, parqueadero, y recepción.

Selección número 8

Buscador Google

Google es una compañía internacional estadounidense, cuyo principal producto es el motor de búsqueda de contenido que recibe su mismo nombre y que es bastante utilizado por un millón y medio de usuarios. En los últimos años ha intensificado su portafolio de servicios como: correo electrónico, sus servicios de mapas de Google, libros y el sistema operativo para teléfonos inteligentes. Su eficacia ha sido tan trascendental, que ha permitido que las poblaciones poco desarrolladas mejoren su nivel intelectual, ya que con la ayuda de este buscador el conocimiento lo encuentran de forma segura, rápida y gratuita. Cada día Google ratifica su potencial como el motor de búsqueda más visitado en el mundo y con un futuro prometedor.

NARRADOR: *Ahora contesta las preguntas 40, 41 y 42.*

40. ¿Cuántas personas utilizan este buscador?

(A) Un millón de usuarios en promedio.
(B) Un millón quinientos de usuarios.
(C) Dos millones y medio de usuarios.
(D) Se desconoce el número de usuarios.

41. De acuerdo a la narración, ¿Qué tipo de productos ofrece Google?

(A) Correo electrónico, mapas Google, libros Google, y teléfonos inteligentes.
(B) Gmail, Juega Google, Tierra Google, y teléfonos inteligentes.
(C) Teléfonos inteligentes y correo electrónico.
(D) Todos los anteriores.

42. De acuerdo a la narración, ¿En qué ha ayudado el buscador de Google a las poblaciones poco desarrolladas?

(A) A generar más atracción a la lectura.
(B) A mejorar su nivel educativo.
(C) A tener acceso a música, juegos, y libros.
(D) A optimizar la búsqueda en el internet.

Selección número 9

El cuidado de nuestra mente

Sin duda, el cerebro es uno de los órganos más importantes de nuestro cuerpo, ya que mantiene la armonía con el medio. Es cierto que si no lo tiene en constante actividad, se duerme y pierde su utilidad, ya que causa pérdidas de memoria, lucidez y genera opaques en cada una de las actividades diarias. Sin embargo, durante la vida, los expertos recomiendan realizar diversas rutinas que frenan este deterioro que entre ellas se encuentra: Aprender un idioma ya que esta actividad requiere de la activación de una gran variedad de habilidades como la memoria y la atención; comer saludable que con lleva al buen funcionamiento de todos los sentidos; hacer ejercicio; y lo más importante: No perder la motivación por lo que se quiera hacer.

NARRADOR: *Ahora contesta las preguntas 43, 44 y 45*

43. ¿Por qué es importante el órgano del cerebro?

(A) Porque tiene armonía con las demás personas.
(B) Porque almacena toda la información de nuestro lenguaje.
(C) Porque genera los pensamientos positivos y negativos.
(D) Porque mantiene el equilibrio con el cuerpo.

44. ¿Cuáles son los efectos, cuando se deja de usar el cerebro?

(A) Enfermedad Alzheimer, concentración y dolor de cabeza.
(B) Pérdida de la memoria, lucidez y opaques.
(C) Neurología, lucidez y concentración.
(D) Opaques y pérdida de la memoria.

45. ¿Cuál de estos aspectos no se menciona en la narración?

(A) Leer.
(B) Comer saludable.
(C) Aprender un idioma.
(D) Hacer ejercicio.

Selección número 10

Consejos para enviar un correo electrónico, escribir una carta, y enviar un fax

Para cualquier persona es muy importante conocer los pasos para enviar un correo electrónico, escribir una carta, o enviar un fax. Por lo tanto, es casi una necesidad entrenarse sobre estos aspectos. En el momento de redactar, se debe manejar un vocabulario especializado y reglas principales para seguir. A continuación daré unos tipos para tener en cuenta al momento de redactar:

*Al final de la carta podría escribir la palabra «cordialmente» o «atentamente».

*Al escribir una carta, se debe usar, «el Señor» o «la Señora tal».

*La fecha debe seguir la orden de día, mes y año.

*La información confidencial debe ser informada por teléfono, carta o en persona.

*Un fax tiene que ser utilizado simplemente como documento para informar.

*Las imágenes y los emoticones se pueden incluir en los correos electrónicos informales.

NARRADOR: *Ahora contesta las preguntas de la 46, 47 y 48.*

46. ¿Cuál de estas afirmaciones, no se menciona en la narración?

(A) Al final de una carta se debe escribir la palabra «atentamente» o «cordialmente».
(B) Al final de una carta formal se pueden usar las frases, «Chao» y «Hasta la vista».
(C) Una carta es más habitual para enviar mensajes y la información personal.
(D) La fecha debe seguir la orden de día, mes, y año.

47. ¿Un fax puede ser utilizado como un documento original?

(A) Sí, es posible.
(B) Sí, es posible siempre y cuando este firmado.
(C) No, porque no tiene el sello del envío.
(D) No, porque el fax sólo sirve como documento informativo.

48. ¿En qué tipo de redacciones se pueden utilizar las imágenes y los emoticones?

(A) En las cartas informales.
(B) En los correos electrónicos informales.
(C) En los correos electrónicos formales.
(D) En los faxes.

Sample Test One

Reading Part A: Discreet Sentences

Directions: The following statements are incomplete, followed by four suggested completions. Select the one that best completes the sentence.

49. Las manzanas ____ el mejor alimento que existe.

(A) es
(B) son
(C) somos
(D) eran

50. María tiene aretes impresionantes. ____ joyas son hermosas.

(A) Su
(B) Sus
(C) Suyo
(D) Mío

51. En África hay leones ____ hienas.

(A) E
(B) Para
(C) U
(D) y

52. Aquí el que ____ soy yo.

(A) mando
(B) manda
(C) mande
(D) mandado

53. En la novela que estoy leyendo, el protagonista ____ en una trampa horrible.

(A) calló
(B) callo
(C) caí
(D) cayó

54. En mi clase de gimnasia hay ____ mujeres. Es ____ por ciento de hombres.

(A) veintiún, veinte y un
(B) veinte y un, veintiún
(C) veintiuna, veinte y uno
(D) veintiún, veintiún

55. El esposo de Elisa se ganó la lotería. Él está muy contento y ella ____ .

(A) tampoco.
(B) también.
(C) también.
(D) tanto bien.

56. En las noticias ____ de políticas y cosas peores durante los últimos días, repetidamente.

(A) hablan
(B) se habla
(C) han estado hablando
(D) se hablan

57. Yo ____ un cachorrito pero se murió de una pulmonía.

(A) tengo
(B) tenía
(C) tendré
(D) tuve

58. Platón afirma que *el cuerpo es la cárcel del alma* ____ hay que cuidar de nuestro cuerpo y ejercitarlo ____ si se ha de estar encarcelado durante la vida, hay que hacer amena la estancia en ella.

(A) por ende, ya que
(B) debido a, tan solo
(C) por ende, tan solo
(D) debido a, ya que

59. ____ hubieras estudiado medicina, ahora ____ mucho dinero.

(A) Sí, estarías ganando
(B) Si, estarías ganando
(C) Sí, habría estado ganando
(D) Si, estaríamos ganando

60. La Independencia de La Argentina es celebrada en ____ . A los de esta nación se les llaman ____ .

(A) mayo, argentinas
(B) mayo, argentinos
(C) Maya, argentines
(D) mayo, argentinejas

61. ____ dictaminó una orden de aprehensión contra todos los quienes mantengan en cautiverio animales en peligro de extinción.

(A) La Jueza
(B) El Oficial
(C) La Juez
(D) El Judicial

62. Los fotógrafos capturan a las celebridades, ____ realizando actos que ponen en peligro su reputación.

(A) sin
(B) nunca
(C) habiendo
(D) siempre

63. La niña tiene ____ muñeca de porcelana.

(A) un
(B) unos
(C) una
(D) unas

64. La historia ____ Internet tiene sus inicios en 1950.

(A) del
(B) de el
(C) des
(D) de

65. Elije la respuesta correcta:

(A) La Xanthofobia es el miedo al color Amarillo el sol las flores la pintura . . .
(B) La Xanthofobia es el miedo al color Amarillo; el sol las flores la pintura . . .
(C) La Xanthofobia es el miedo al color Amarillo, el sol las flores la pintura . . .
(D) La Xanthofobia es el miedo al color Amarillo; el sol, las flores, la pintura . . .

66. Andalucía es una comunidad autónoma de España con ____ clima mediterráneo.

(A) un
(B) uno
(C) la
(D) del

67. Tengo un viaje planeado a Orlando, Florida el día ____ de enero.

(A) veinte-cinco
(B) veinte y cinco
(C) veinte cinco
(D) vente cinco

Sample Test One

Reading Part B: Short Cloze Passages

Directions: In each of the following paragraphs, there are blanks indicating that words or phrases have been omitted. For each blank, choose the completion that is most appropriate, given the context of the entire paragraph.

I. La pirámide de Kukulcán fue construida por __68__ Mayas en la península de Yucatán. En __69__ parte superior de la pirámide __70__ el Gobernador todos los días. __71__ un edificio importante para los habitantes de aquella época.

68. (A) las
(B) les
(C) los
(D) unas

69. (A) el
(B) él
(C) la
(D) lo

70. (A) se sentó
(B) sentaba
(C) se sentaba
(D) sentó

71. (A) Era
(B) Es
(C) Eran
(D) Había sido

II. María quiere __72__ un perro. Ella vive en un departamento pequeño y los perros necesitan espacio para correr. Yo __73__ que el animal no se va a __74__ fácilmente pero María __75__ que sí.

72. (A) adaptar
(B) adoptar
(C) pienso
(D) piensa

73. (A) adaptar
(B) adoptar
(C) pienso
(D) piensa

74. (A) adaptar
(B) adoptar
(C) pienso
(D) piensa

75. (A) adaptar
(B) adoptar
(C) pienso
(D) piensa

III. La música es un __76__ excepcionalmente peculiar. Debido a que engloba diferentes géneros y subgéneros. Mi prima y yo quisimos __77__ a tocar los tambores. __78__ son magníficos, el ruido que emiten es tan ensordecedor que me __79__ de continuar con las clases.

76. (A) harte
(B) árte
(C) harté
(D) arte

77. (A) aprender
(B) aprehender
(C) aprender
(D) aprende

78. (A) Aunque
(B) Aún y cuando
(C) Aun y cuando
(D) Ahora que

79. (A) harte
(B) harta
(C) harté
(D) arte

IV. Madrid es la capital de España. Diversos acontecimientos __80__ a lo largo de la historia que la han hecho famosa. La __81__ de Madrid es, en general, muy __82__ . A __83__ viven ahí se les llama madrileños.

80. (A) sucederá
(B) han sucedido
(C) sucederán
(D) ha sucedido

81. (A) gentes
(B) gente
(C) persona
(D) personas

82. (A) apreciable
(B) apreciables
(C) amables
(D) amable

83. (A) las que
(B) quien
(C) quienes
(D) los

V. El periódico es un medio de comunicación. Ayer __84__ que un hombre escapó de la cárcel. Él mató __85__ herió a sus víctimas. __86__ abuela dice que __87__ que ser cuidadosos.

84. (A) leí
(B) leo
(C) ley
(D) lei

85. (A) y
(B) e
(C) ni
(D) que

86. (A) Sus
(B) Mi
(C) Mis
(D) Mí

87. (A) ahí
(B) hai
(C) ahi
(D) hay

VI. El teatro negro de Praga es una representación __88__ muda que se caracteriza por llevarse a cabo en un __89__ negro a oscuras. Utiliza luz de manera estratégica __90__ dar lugar a un fantástico juego de luz y sombras. __91__ se lleva a cabo en todo el mundo, principalmente se realiza en Praga, República Checa.

88. (A) escénica
(B) artística
(C) dancística
(D) sorda

89. (A) escenario
(B) patio
(C) casa
(D) lugar

90. (A) con
(B) por
(C) sin
(D) para

91. (A) Donde
(B) Todavía
(C) Aunque
(D) Como

Sample Test One

Reading Part C: Reading Passages & Authentic Stimulus Material

Directions: Read each of the passages below. Each passage is followed by questions or incomplete statements. Choose the best answer according to the text and mark in the corresponding answer.

92. ¿Qué estación del año se muestra en la imagen?

(A) El otoño.
(B) El verano.
(C) La primavera.
(D) El invierno.

93. ¿Cuál es el estado de ánimo de la joven en la imagen?

(A) Tristeza.
(B) Felicidad.
(C) Temor.
(D) Nostalgia.

94. ¿Qué está haciendo la joven?

(A) Leyendo.
(B) Escribiendo.
(C) Bailando.
(D) Escuchando.

Nuevo espacio para los
paradigmas de la fotografía

95. ¿De qué se trata la noticia?

(A) Acerca de una escuela.
(B) Acerca de un museo.
(C) Acerca de fotografías.
(D) Acerca de una alberca olímpica.

96. ¿Cuándo abre el recinto?

(A) 5 mil 200 metros cuadrados.
(B) El 5 de septiembre.
(C) Fundación Pedro Meyer.
(D) El Universal.

Soy hombre—duro poco
Y es enorme la noche.
Pero miro hacia arriba:
Las estrellas escriben.
Sin entender comprendo:
También soy escritura
Y en este mismo momento
Alguien me deletrea.
Octavio Paz.

97. ¿Qué tipo de texto es?

(A) Cuento.
(B) Historia de miedo.
(C) Poema.
(D) Noticia.

El chocolate es uno de los alimentos que más nos gusta a los seres humanos. El producto fundamental para elaborar chocolate es un fruto llamado cacao. Dentro del fruto están las semillas. Se sabe que el primer lugar en donde se cultivó fue México. Allí, el pueblo maya descubrió que si las semillas de cacao se tostaban y se mezclaban con agua y otros ingredientes como el maíz, el resultado era una bebida rica y nutritiva, a la que llamaron «Xocolatl», que por lo visto significa «agua amarga».

98. ¿Cuál es el ingrediente principal del chocolate?

(A) En México.
(B) El maya.
(C) El cacao.
(D) «Agua amarga».

En las mañanas cálidas del verano, el gallo Kiko es el primero en despertarse. Abre sus ojos pequeños, sacude sus plumas, y le saluda al Sol. Después, sube al palo más alto del gallinero para que todo el mundo lo vea. Sabe que su trabajo es uno de los más importantes de la granja: despertar con su ki-ki-rikí a todos los animales.

99. ¿Cuál es el trabajo del gallo Kiko?

(A) Despertar a todos los animales.
(B) Darles de comer a todos los animales.
(C) Limpiar la granja.
(D) Subir al palo más alto del gallinero.

Única en el mundo griego, la diarquía es una monarquía dual hereditaria. Aristóteles definió la diarquía como un generalato hereditario y vitalicio. Según la tradición, la diarquía descendió de dos familias que incluso habían llegado a enfrentarse: Los Agiadas y los Euripóntidas. La diarquía se explica como un compromiso entre los dos grupos que formaba la policía de Esparta. Otra versión dice que los espartanos decidieron crear una monarquía con carácter colegiado (compartido) y por eso crearon la diarquía. En las diarquías no se reparte el poder, sino que ambos grupos tienen los mismos poderes.

100. ¿Qué es una diarquía?

(A) Un rey y una reina quienes gobiernan.
(B) Una familia de reyes y princesas quienes gobiernan.
(C) Dos reyes quienes gobiernan.
(D) Un rey y un parlamento que juntos gobiernan.

En la parte más alta de la ciudad, sobre una columnita, se alzaba la estatua del Príncipe Feliz. Estaba toda revestida de madreselva de oro fino. Tenía, a guisa de ojos, dos centelleantes zafiros y un gran rubí rojo ardía en el puño de su espada. Una noche voló una golondrinita sin descanso hacia la ciudad. Entonces divisó la estatua sobre la columnita.

«¡Voy a cobijarme allí!» -gritó. «El sitio es bonito. Hay mucho aire fresco.»

Y se dejó caer precisamente entre los pies del Príncipe Feliz. Pero al ir a colocar su cabeza bajo el ala, he aquí que le cayó encima una gota de agua pesada. Y después otra . . .

~ Oscar Wilde

101. ¿De qué tamaño era el ave que voló sobre la estatua del Príncipe Feliz?

(A) Grande.
(B) Pequeño.
(C) Mediano.
(D) Muy grande.

Las ventanas de las casas de Mónica y de Camelia

Mónica y Camelia son hermanas y viven en diferentes áreas del país. La casa de Mónica está ubicada en una ciudad pequeña que se distingue por sus viñedos y terreno montañoso. Por otro lado, Camelia vive muy contenta en la costa.

Los marcos de las ventanas de las casas de Mónica y Camelia son de hierro. Los marcos de las ventanas de la casa de Camelia, ubicada cerca de la playa, están oxidadas debido al efecto de la brisa marina, mientras que los de la casa de Mónica, ubicada en la montaña, no muestran ninguna corrosión. Cada día Camelia siente más la necesidad de instalar marcos de aluminio en su casa, pero el precio la detiene. El presupuesto entregado por el arquitecto le parece muy alto y ella ha decidido que no está dispuesta a hacer esta inversión. Sin embargo, Mónica opina que es necesario invertir en la instalación de marcos nuevos para la probabilidad de venta de la casa futura, y que también debería considerar que el presupuesto está dentro de los precios del mercado actual.

102. ¿En dónde vive Camelia?

(A) En la ciudad.
(B) En la montaña.
(C) En la playa.
(D) En el mar.

103. ¿Por qué quiere cambiar Mónica los marcos de su casa?

(A) Debido a la corrosión que presentan.
(B) Debido a que son costosos.
(C) Debido a que tal vez venda su casa en el futuro.
(D) Debido a que el arquitecto le haya presentado un presupuesto.

El Virreinato de la Nueva España fue uno de los primeros que la Vieja España estableció en su imperio americano; en contraste, el del Río de la Plata, con capital en Buenos Aires, se formó relativamente tarde—en 1776—tras ser liberado administrativamente del control que sobre el ejercía El Perú.

El México independiente nació y se desarrolló como un país de demografía dominantemente indígena y mestiza, cuya accidentada economía—similar a su geografía—siguió centrada en la minería y en una agricultura dominantemente local. El país del sur, en cambio, se pobló con oleadas de inmigrantes europeos—principalmente italianos y españoles, que llevaron la población de 1.8 millones en 1869 a 8 millones en 1914—con educación formal promedio muy superior a la del resto del subcontinente; sus estupendas planicies húmedas—La Pampa—permitieron a La Argentina desarrollar una exitosa agricultura y ganadería comercial—al inicio del siglo XX Argentina era el mayor exportador de carnes y trigo—y dio forma a una sociedad urbana muy sofisticada, centrada en el puerto de Buenos Aires.

Al despuntar el siglo XX, ya habían quedado atrás las constantes guerras civiles y la construcción de una amplia red ferroviaria había transformado, y mucho, tanto a México como a Argentina, pero esta última contaba con un sistema educativo y con un nivel de vida muy superior al de México y en su europeización y cosmopolitismo le llevaban una gran delantera al México Porfirista.

En realidad, desde entonces había bases económicas y culturales suficientes para suponer que el antiguo virreinato del Río de La Plata sería el primer país latinoamericano que superaría su condición de sociedad periférica para convertirse en desarrollo. Si finalmente ése no fue el caso, la explicación se encuentra en una gran falla política.

En el caso de México, la revolución social y política que experimentó a partir de 1910 hizo que más de un observador lo diera por perdido para el desarrollo, pero resultó que justamente esa revolución y nacionalismo le dio, a partir de 1940, una estabilidad autoritaria que lo distinguió del resto de los países latinoamericanos, incluyendo Argentina.

Entre otros factores, se encuentra en que durante la Segunda Guerra Mundial, el populismo revolucionario mexicano se alineó sin dificultad con el ganador—los Estados Unidos y sin gran dificultad, desembocó en un régimen estable, corporativo, de partido de Estado y de indudable predominio civil. En contraste, Argentina se identificó con el perdedor de la guerra, con el Eje y su posterior populismo—el Peronista—entró en conflicto con los Estados Unidos y terminó por desembocar en un proceso muy diferente al mexicano, donde la inestabilidad fue la constante y el papel del ejército central pero sin poder darle equilibrio a la política.

En conclusión, tanto el autoritarismo populista y «revolucionario» mexicano como el populismo Peronista argentino, seguido por el autoritarismo militar, burocrático y excluyente, resultaron ser excelentes caldos de cultivo de la corrupción pública.

104. ¿A qué país se refiere la línea «el virreinato del Río de la Plata»?

(A) a México.
(B) a los Estados Unidos.
(C) a España.
(D) a la Argentina.

105. ¿A qué hace referencia el término, «sociedad periférica»?

(A) a una sociedad pobre.
(B) a una sociedad alejada.
(C) a una sociedad próspera.
(D) a una sociedad tranquila.

106. ¿Por qué no se convirtió la Argentina a la primera nación latinoamericana en superar la condición de la sociedad periférica?

(A) Por falta de dinero.
(B) Debido a falta de gobernantes con estrategias adecuadas.
(C) Debido a una mala decisión del gobierno.
(D) Por cuestiones generales del Siglo Veinte.

107. ¿Qué tipo de texto es?

(A) De contraste.
(B) Argumentativo.
(C) Metafórico.
(D) Bibliográfico.

108. ¿Cuál es el tema principal del texto?

(A) La libertad de Argentina y de México de sus respectivos opresores.
(B) La corrupción en ambos países.
(C) Las Guerras Mundiales y con los Estados Unidos.
(D) El desempeño y desarrollo de ambas naciones.

109. ¿Cuál es la relación entre la economía y la geografía de México?

(A) Tanto la economía como la geografía son irregulares/no estables.
(B) Los accidentes que ocurren en el país tienen que ver con su geografía y su economía.
(C) En México hay muchas montañas y ríos que hacen difícil encontrar planicies.
(D) De 1.8 millones de pesos en 1869, en 1914 incrementó a 8 millones de pesos.

110. ¿A partir de qué año resaltó México de entre los países latinoamericanos?

(A) 1910.
(B) 1914.
(C) 1940.
(D) 1776.

111. ¿A qué se refiere el término, «alineó» en la línea 26?

(A) A unirse.
(B) A alearse.
(C) A juntarse.
(D) A alinearse.

112. ¿Qué exportaba Argentina al inicio del Siglo Veinte?

(A) Animales y frutas.
(B) Cebadas y animales.
(C) Trigo y carnes.
(D) Ganado y carnes.

113. ¿Qué se puede inferir de la lectura?

(A) Ambos países tuvieron sus épocas prósperas y actualmente ambos están estancados en diversos ámbitos.
(B) La Argentina y México han sido países latinoamericanos sobresalientes por el hecho de introducir el ferrocarril así como otras tecnologías.
(C) La corrupción en América Latina es un problema grave difícil de erradicar y que día a día se acrecienta.
(D) Principalmente, el virreinato de la Nueva España fue un parteaguas en la historia mundial y de Las Américas.

Órale, Fausto

¿A mí mucha gente me ha engañado, me está engañando y me va a seguir engañando. No me importa mucho, siempre y cuando el engaño no ocasione demasiado daño. A Fausto le acepté su primera disculpa, cuando supimos que no había presentado su tesis y por lo tanto, no era doctor. Ahora Fausto ha reconocido que tampoco recibió su título profesional. ¿Y ahora qué? ¡Pues órale, muévete Fausto!

¿Cómo es posible que Fausto nos siguiera engañando después de habernos pedido disculpas? No se vale pedir disculpas reconociendo un engaño para seguir engañando después. Me gustaría que Fausto volviera a pedirnos disculpas pero ahora, con hechos; abandonando la Secretaría. Obras son amores.

¿Cómo pedirle de un buen modo a un amigo que deje tan anhelada la Secretaría? Por lo tanto se lo estoy pidiendo ya que, si no fuera mi amigo, se lo exigiría. La amistad sigue en pie ya que yo les aguanto tres fregaderas a mis amigos y Fausto tan sólo lleva dos.

Además yo acostumbro llevarme duro con mis amigos. Es importante saber criticarse y aconsejarse entre amigos para verificarnos el plan el vuelo. Esta vez, como amigo y como ciudadano, aun estando consciente del valor que Fausto puede aportar a la Secretaría, tengo que aconsejarle a Fausto que abandone la Secretaría de Educación.

No me importa que lo haga o que no lo haga porque beneficie o perjudique a su queridísimo amigo Ernesto Zedillo, eso para nosotros no tiene la menor importancia. Tampoco tiene importancia si Fausto fue, es y seguirá siendo mi amigo. Lo que importa es que el Secretario de Educación debe, antes que nada, ser un educador. Lo primero que necesita ser un educador es ser educado.

Para ser una persona educada, efectivamente, el título no es importante, pero para ser una persona bien educada es necesario pretender, exactamente lo que se es. En una persona educada la imagen y la realidad coinciden.

Pretender ser lo que no se es, es vivir en el engaño personal y social.

~Enrique Canales, «Órale Fausto»; Periódico El Norte, 1995.

114. ¿En qué persona está escrito el texto?

(A) Primera del Plural.
(B) Segunda del Singular.
(C) Tercera del Singular.
(D) Primera del Singular.

115. ¿Qué significa la palabra, «órale»?

(A) Palabra coloquial, exclamación de sorpresa o para llamar la atención de una persona.
(B) Hora del día en que empieza a oscurecer.
(C) Momento en el que se comete un error.
(D) Palabra de exclamación, relacionada con los toros y el arte taurino.

116. ¿Por qué tiene que dejar Fausto la Secretaría?

(A) Por causas de salud.
(B) Debido a que mintió.
(C) Debido a sus amigos.
(D) Debido a su amigo Ernesto Zedillo.

117. ¿Por qué se le pide a Fausto que deje la Secretaría en vez de exigírsele?

(A) Porque beneficiaba y perjudicaba a su amigo Ernesto Zedillo.
(B) Porque ellos son amigos y a los amigos Fausto les concede tres oportunidades.
(C) Porque la tercera oportunidad es la definitiva para pedir.
(D) Porque llevaba tres años en el puesto.

118. ¿Qué relación tienen Fausto y el narrador?

(A) Padre e hijo.
(B) Desconocidos.
(C) Compañeros de trabajo.
(D) Amigos.

119. ¿Según el autor, qué es lo esencial para dedicarse a educar?

(A) Tener un título de doctorado.
(B) Tener amigos.
(C) Ser educado.
(D) No engañar.

120. ¿Qué tipo de texto es?

(A) Histórico.
(B) Literario.
(C) Documental.
(D) Periodístico.

ANSWER KEY for Sample Test One

Question Number	Correct Answer	Your Answer
1	D	
2	C	
3	A	
4	C	
5	B	
6	C	
7	C	
8	A	
9	D	
10	A	
11	C	
12	B	
13	A	
14	D	
15	B	
16	D	
17	B	
18	D	
19	C	
20	B	
21	D	
22	A	
23	C	
24	B	
25	A	
26	C	
27	D	
28	B	
29	A	
30	B	
31	B	
32	D	
33	C	
34	D	
35	A	
36	A	
37	C	
38	B	
39	D	
40	B	

Question Number	Correct Answer	Your Answer
41	A	
42	B	
43	D	
44	B	
45	A	
46	B	
47	D	
48	B	
49	B	
50	B	
51	B	
52	B	
53	D	
54	C	
55	C	
56	C	
57	D	
58	A	
59	B	
60	B	
61	A	
62	D	
63	C	
64	A	
65	D	
66	A	
67	B	
68	C	
69	C	
70	C	
71	A	
72	B	
73	C	
74	A	
75	D	
76	D	
77	A	
78	A	
79	A	
80	B	

Question Number	Correct Answer	Your Answer
81	B	
82	D	
83	C	
84	A	
85	A	
86	B	
87	D	
88	A	
89	A	
90	D	
91	C	
92	D	
93	B	
94	D	
95	B	
96	B	
97	C	
98	C	
99	A	
100	C	
101	B	
102	C	
103	C	
104	D	
105	A	
106	B	
107	A	
108	D	
109	A	
110	C	
111	A	
112	C	
113	A	
114	D	
115	A	
116	B	
117	B	
118	D	
119	C	
120	B	

EXPLANATIONS for Sample Test One

Listening: Dialogues and Narratives

19. Después de darle la bienvenida a los pasajeros, ¿qué hará el Capitán?

(A) Revisará el equipaje.
(B) Asegurará que los pasajeros estén en su silla adecuada.
(C) Revisará los boletos.
(D) Saludará a todos los pasajeros.

La respuesta correcta es la C.
La respuesta correcta es la C, porque Jorge revisará los tiquetes de viaje.

20. ¿Cuál es el apellido de la pasajera?

(A) P-i-n-p-o-n
(B) R-i-n-c-ó-n
(C) R-i-n-c-o-n
(D) P-i-n-c-ó-n

La respuesta correcta es la B.
La respuesta correcta es la B, ya que al deletrear su apellido dice
R-i-n-c-ó-n y hace énfasis en la tilde al final.

21. ¿Hacia qué país viaja Beatriz?

(A) Suiza.
(B) Primero a Suiza y luego para Alemania.
(C) Primero Alemania y luego para Suiza.
(D) Alemania.

La respuesta correcta es la D.
La respuesta correcta es la D, porque Beatriz se encontrará primero con su familia en Suiza y luego van para Alemania.

22. ¿Hace cuánto se divorció Angie?

(A) Ella no menciona el tiempo del divorcio.
(B) Nueve meses
(C) Una semana
(D) Ella es casada.

La respuesta correcta es la A.
La respuesta correcta es la A, porque en ninguna parte del diálogo se menciona el tiempo.

23. ¿Cuántas personas conforman la familia grande de Pedro?

(A) 9 personas.
(B) 12 personas.
(C) 11 personas.
(D) 2 personas.

La respuesta correcta es la C.
La respuesta correcta es la C, ya que él solo cuenta las personas, pero no su carro.

24. ¿Qué opina Pedro del trabajo de su amiga?

(A) Es muy arrogante.
(B) Es muy aburrido.
(C) Es muy bueno.
(D) Es muy bien pago.

La respuesta correcta es la B.
La respuesta correcta es la B, porque aburrido es un sinónimo de tedioso.

25. ¿Qué profesión y en qué trabaja David?

(A) Es enfermero y trabaja con nefrología
(B) Es médico y trabaja con nefrología
(C) Es enfermero y trabaja en un hospital
(D) Es médico y trabaja en un hospital

La respuesta correcta es la A.
La respuesta correcta es la A, porque su profesión es enfermería y trabaja con una clínica de nefrología.

26. ¿Adónde se conocieron los tres amigos por primera vez?

(A) En la universidad.
(B) En la primaria.
(C) En la secundaria.
(D) En el tren.

La respuesta correcta es la C.
La respuesta correcta es la C, porque ella no entiende el tema y prueba es un sinónimo de examen.

27. ¿Adónde invitará Victoria a Pedro e Isabela?
(A) A un concierto de música romántica.
(B) A un viaje en tren por Colombia.
(C) A su casa en vacaciones.
(D) A su juego de baloncesto con su equipo Colombiano.

La respuesta correcta es la D.
La respuesta correcta es la D, porque los amigos de Victoria le solicitan que los invite a un juego suyo de Colombia.

28. ¿Qué le duele a Sebastián?
(A) El estómago y la columna.
(B) El estómago y la cabeza.
(C) La cabeza y la columna.
(D) La cabeza y el brazo.

La respuesta correcta es la B.
La respuesta correcta es la B, porque esas son las dolencias principales en el diálogo.

29. ¿Cuál es la causa posible de la enfermedad de Sebastián?
(A) Los chocolates que se comió.
(B) La comida del almuerzo.
(C) El desayuno con chocolate.
(D) El pastel de chocolate que se comió.

La respuesta correcta es la A.
La respuesta correcta es la A, porque la caja de chocolates que él se comió la noche anterior, pudo ser la causa.

30. ¿Qué receta el doctor?
(A) Reposar y tomar las pastillas cada 24 horas.
(B) Reposar y tomar las pastillas cada 12 horas.
(C) Guardar cama y tomar las pastillas cada 8 horas.
(D) Guardar cama y tomar las pastillas dos veces a la semana.

La respuesta correcta es la B.
La respuesta correcta es la B, porque reposar es un sinónimo de guardar cama y las pastillas se deben tomar 2 veces al día.

31. ¿Cuál es la nacionalidad de Camila?
(A) Chile.
(B) Chilena.
(C) Santiago.
(D) Chileno.

La respuesta correcta es la B.
La respuesta correcta es la B, porque la nacionalidad de Chile, es chilena.

32. ¿Cuándo conoció Felipe a Santiago?
(A) Cuando era un niño.
(B) Hace 6 meses.
(C) Hace 2 años.
(D) El año pasado.

La respuesta correcta es la D.
La respuesta correcta es la D, porque el año pasado es lo mismo que hace un año.

33. ¿Cuáles son los planes de Camila en la noche?
(A) Nadar y estudiar.
(B) Entrevistar a Felipe y estudiar.
(C) Entrevistar al dueño y estudiar.
(D) Nadar y salir con sus amigos.

La respuesta correcta es la C.
La respuesta correcta es la C, porque ella debe entrevistar al propietario y estudiar para el examen de inglés.

34. ¿Qué tipos de reporteros escritores existen?

(A) Los que escriben para periódicos.
(B) Los que presentan noticias en televisión y escriben en revistas.
(C) Los que reportan lo sucedido en la ciudad.
(D) Los que escriben para los periódicos y revistas.

La respuesta correcta es la D.
La respuesta correcta es la D, porque la narración menciona periodistas escritores de ambos ámbitos de periódico y revista.

35. ¿Por qué están felices los periodistas escritores?

(A) Porque tienen mucho espacio en las revistas para plasmar sus ideas y opiniones.
(B) Porque ellos aman su profesión.
(C) Porque en los periódicos pueden plasmar sus ideas y opiniones.
(D) Porque pueden plasmar sus ideas y opiniones en revistas y periódicos.

La respuesta correcta es la A.
La respuesta correcta es la A, porque según la narración solo son felices los de las revistas por el espacio que tienen para sus artículos.

36. ¿Qué tipo de periódicos hay?

(A) De ámbito local e internacional.
(B) De ámbito local, nacional e internacional.
(C) De ámbito local.
(D) Del ámbito nacional e internacional.

La respuesta correcta es la A.
La respuesta correcta es la A, porque los ámbitos mencionados de tipos de periódico.

37. ¿Qué tipo de música patrocina la compañía Música Eterna?

(A) Música en Español.
(B) Rock y Pop.
(C) Todos los géneros musicales.
(D) Salsa y Pop.

La respuesta correcta es la C.
La respuesta correcta es la C, porque la compañía patrocina cualquier género de música.

38. ¿En qué continentes hay sedes?

(A) En América y África.
(B) En Norte América, Sur América, Europa, y Asia.
(C) En Norte y Sur América y Europa.
(D) En Asia, África, Europa y Norte América.

La respuesta correcta es la B.
La respuesta correcta es la B, porque sus sedes están en los continentes de Norte y Sur América, Europa y Asia.

39. ¿Qué lugares se encuentran en el primer piso del edificio?

(A) Parqueadero y vestíbulo.
(B) Entrada principal y recepción.
(C) Parqueadero, entrada principal, y baño.
(D) Entrada principal, parqueadero, y recepción.

La respuesta correcta es la D.
La respuesta correcta es la D, porque en el primer piso hay un parqueadero para clientes y el personal del departamento. Adentro de este piso se encuentra la entrada principal con un portero. A la derecha de la entrada hay un vestíbulo que dirige había la recepción.

40. ¿Cuántas personas utilizan este buscador?
(A) Un millón de usuarios en promedio.
(B) Un millón quinientos de usuarios.
(C) Dos millones y medio de usuarios.
(D) Se desconoce el número de usuarios.

La respuesta correcta es la B.
La respuesta correcta es la B, porque 1.500.000 equivale a millón y medio.

41. De acuerdo a la narración, ¿Qué tipo de productos ofrece Google?
(A) Correo electrónico, mapas Google, libros Google, y teléfonos inteligentes.
(B) Gmail, Juega Google, Tierra Google, y teléfonos inteligentes.
(C) Teléfonos inteligentes y correo electrónico.
(D) Todos los anteriores.

La respuesta correcta es la A.
La respuesta correcta es la A, porque correo electrónico (Gmail), mapas (Google Maps), libros (Google books), sistema operativo para teléfonos inteligentes (Android).

42. De acuerdo a la narración, ¿En qué ha ayudado el buscador de Google a las poblaciones poco desarrolladas?
(A) A generar más atracción a la lectura.
(B) A mejorar su nivel educativo.
(C) A tener acceso a música, juegos, y libros.
(D) A optimizar la búsqueda en el internet.

La respuesta correcta es la B.
La respuesta correcta es la B, porque google ha ayudado a transformar intelectualmente las poblaciones menos desarrolladas.

43. ¿Por qué es importante el órgano del cerebro?
(A) Porque tiene armonía con las demás personas.
(B) Porque almacena toda la información de nuestro lenguaje.
(C) Porque genera los pensamientos positivos y negativos.
(D) Porque mantiene el equilibrio con el cuerpo.

La respuesta correcta es la D.
La respuesta correcta es la D, porque equilibrio es un sinónimo de armonía.

44. ¿Cuáles son los efectos, cuando se deja de usar el cerebro?
(A) Enfermedad Alzheimer, concentración y dolor de cabeza.
(B) Pérdida de la memoria, lucidez y opaques.
(C) Neurología, lucidez y concentración.
(D) Opaques y pérdida de la memoria.

La respuesta correcta es la B.
La respuesta correcta es la B, porque los síntomas negativos por no usar el cerebro son: Perdida de la memoria, lucidez y opaques.

45. ¿Cuál de estos aspectos no se menciona en la narración?
(A) Leer.
(B) Comer saludable.
(C) Aprender un idioma.
(D) Hacer ejercicio.

La respuesta correcta es la A.
La respuesta correcta es la A, porque leer no se menciona en la narración.

46. **¿Cuál de estas afirmaciones, no se menciona en la narración?**
(A) Al final de una carta se debe escribir la palabra «atentamente» o «cordialmente».
(B) Al final de una carta formal se pueden usar las frases, «Chao» y «Hasta la vista».
(C) Una carta es más habitual para enviar mensajes y la información personal.
(D) La fecha debe seguir la orden de día, mes, y año.

La respuesta correcta es la B.
La respuesta correcta es la B, porque en una carta formal no se pueden usar expresiones informales.

47. **¿Un fax puede ser utilizado como un documento original?**
(A) Sí, es posible.
(B) Sí, es posible siempre y cuando este firmado.
(C) No, porque no tiene el sello del envío.
(D) No, porque el fax sólo sirve como documento informativo.

La respuesta correcta es la D.
La respuesta correcta es la D, porque el fax solo se puedo usar para informar, no como documento original.

48. **¿En qué tipo de redacciones se pueden utilizar las imágenes y los emoticones?**
(A) En las cartas informales.
(B) En los correos electrónicos informales.
(C) En los correos electrónicos formales.
(D) En los faxes.

La respuesta correcta es la B.
La respuesta correcta es la B, porque solo se pueden usar en un correo electrónico informal.

Reading Part A: Discreet Sentences

49. **Las manzanas ____ el mejor alimento que existe.**
(A) es
(B) son
(C) somos
(D) eran

La respuesta correcta es B.
Es la única de las opciones que sigue la regla gramatical de concordancia verbal, misma que se establece entre el sujeto y el verbo. Este último deberá escribirse acorde al sujeto, ya sea que se encuentre en plural o singular y/o en femenino o masculino. En la oración el sujeto son «las manzanas» que están en plural por lo que el verbo deberá ir en plural.

50. **María tiene aretes impresionantes. ____ joyas son hermosas.**
(A) Su
(B) Sus
(C) Suyo
(D) Mío

La respuesta correcta es B.
Al ser un adjetivo posesivo en plural es la opción que va acorde al sustantivo «joyas», mismo que está en plural. Indicando la pertenencia del sustantivo con relación al sujeto indicado en la primera oración.

51. **En África hay leones ____ hienas.**
(A) E
(B) Para
(C) U
(D) y

La respuesta correcta es B.
La conjunción «e» se utiliza cuando la siguiente palabra comienza por «i» o «hi». Sin embargo, no debe usarse ante el diptongo «hie».

52. Aquí el que ____ soy yo.

(A) mando
(B) manda
(C) mande
(D) mandado

La respuesta correcta es B.

Si el sujeto es un pronombre en primera o segunda persona del singular el verbo puede estar en primera o segunda persona del singular o en tercera persona del singular. En este caso el sujeto es la primera persona del singular «yo». Por lo que las opciones A y B son correctas. Sin embargo, cuando en el orden de la oración se antepone el verbo al sujeto es más normal/común que vaya escrito en tercera persona. De ahí que la opción «Aquí el que manda soy yo» es mejor que «Aquí el que mando soy yo». Recuérdese que en el examen oficial se tomará como correcta la respuesta que sea mejor, aun y cuando existan varias respuestas posibles.

53. En la novela que estoy leyendo, el protagonista ____ en una trampa horrible.

(A) calló
(B) callo
(C) caí
(D) cayó

La respuesta correcta es D.

La oración sugiere que el verbo se encuentra en pasado. El complemento circunstancial de lugar «en una horrible trampa» indica que la opción D es la correcta, al ser «cayó» el pasado del verbo «caer». Acentuada en la última sílaba por ser palabra aguda. Las palabras agudas se acentúan siempre que su sílaba tónica sea la última y ésta termine en n, s o vocal. Mientras que la palabra «calló» se refiere al pasado del verbo «callar».

54. En mi clase de gimnasia hay ____ mujeres. Es ____ por ciento de hombres.

(A) veintiún, veinte y un
(B) veinte y un, veintiún
(C) veintiuna, veinte y uno
(D) veintiún, veintiún

La respuesta correcta es C.

El sustantivo «mujeres» indica género femenino por lo que le debe anteceder el numeral «una», es así como «veintiuna» o «veinte y una» son correctos.

De la misma manera es incorrecto escribir «veinte y un» o «veinteún», lo correcto es «veinte y uno» o «veintiuno» ya que el numeral «uno» solamente se apocopa ante determinado tipo de sustantivos y «por» es una preposición.

55. El esposo de Elisa se ganó la lotería. Él está muy contento y ella ____ .

(A) tampoco.
(B) tambien.
(C) también.
(D) tanto bien.

La respuesta correcta es C.

La oración sugiere un elemento afirmativo para afirmar (valga la redundancia) que tanto él como ella están «contentos». El adverbio «también» se utiliza para afirmar que un elemento es semejante o está en similar estado que uno expresado anteriormente. Por lo que la respuesta correcta sería B o C. Sin embargo la opción B carece de tilde. Recordando la regla, «también» es una palabra aguda, por lo que debe ir acentuada en su última sílaba.

56. En las noticias ____ de políticas y cosas peores durante los últimos días, repetidamente.

(A) hablan
(B) se habla
(C) han estado hablando
(D) se hablan

La respuesta correcta es C.
El complemento circunstancial de tiempo «durante los últimos días» indica que la conjugación del verbo más apropiada es en tiempo presente perfecto. Mientras que el adverbio «repetidamente» indica que es una acción recurrente (continua/progresiva). Por lo que la mejor respuesta es C. Ya que la conjugación del verbo se encuentra en Presente Perfecto Continuo.

57. Yo ____ un cachorrito pero se murió de una pulmonía.

(A) tengo
(B) tenía
(C) tendré
(D) tuve

La respuesta correcta es D.
El sujeto «se murió» indica que la oración se encuentra en Pasado/Pretérito por lo que se descartan las opciones A y C. Dejando así las opciones B y D. Los verbos «tenía» y «tuve» aunque coloquialmente son usados indistintamente, mantienen cierta diferencia. «Tenía» deberá ser usado para acciones en pasado/pretérito que se realizaban repetidamente mientras que el verbo «tuve» deberá ser usado para acciones en pasado/pretérito que tan solo se realizaron una vez. Dado que la acción es «murió» y por ende no puede ser realizada continuamente, la respuesta D es la correcta.

58. Platón afirma que *el cuerpo es la cárcel del alma* ____ hay que cuidar de nuestro cuerpo y ejercitarlo ____ si se ha de estar encarcelado durante la vida, hay que hacer amena la estancia en ella.

(A) por ende, ya que
(B) debido a, tan solo
(C) por ende, tan solo
(D) debido a, ya que

La respuesta correcta es A.
La opción A sugiere el adverbio «por ende» y la conjunción «ya que», mismos que denotan causa-efecto y une dos partes de una misma oración, respectivamente. Siendo así, la mejor respuesta posible.

59. ____ hubieras estudiado medicina, ahora ____ mucho dinero.

(A) Sí, estarías ganando
(B) Si, estarías ganando
(C) Sí, habría estado ganando
(D) Si, estaríamos ganando

La respuesta correcta es B.
El condicional «si» no se acentúa (el adverbio de afirmación «sí» se acentúa).

Cuando en una oración se encuentra el condicional «Si», entonces debe usarse el tiempo condicional del verbo estar, en este caso «estarías». Por lo tanto, la respuesta correcta es B.

60. La Independencia de La Argentina es celebrada en ____ . A los de esta nación se les llaman ____ .

(A) mayo, argentinas
(B) mayo, argentinos
(C) Maya, argentines
(D) mayo, argentinejas

La respuesta correcta es B.
Muestra las palabras escritas correctamente.

Cuando se hace referencia a un colectivo, es correcto referirlo en género masculino.

61. ____ dictaminó una orden de aprehensión contra todos los quienes mantengan en cautiverio animales en peligro de extinción.
(A) La Jueza
(B) El Oficial
(C) La Juez
(D) El Judicial

La respuesta correcta es A.
Dicha terminología pudiese causar confusión ya que tanto la opción A como la C son totalmente correctas. Sin embargo, la opción A es más común en el ámbito tanto formal como coloquial, así como en el español europeo como en el americano. Recuérdese que siempre se ha de elegir la mejor respuesta, pudiendo ser todas correctas.

62. Los fotógrafos capturan a las celebridades, ____ realizando actos que ponen en peligro su reputación.
(A) sin
(B) nunca
(C) habiendo
(D) siempre

La respuesta correcta es D.
Es la locución latina con el significado que mejor complementa la oración. In fraganti., Adverbio/Locución latina que define el momento en que se es sorprendido cometiendo un delito o falta.

63. La niña tiene ____ muñeca de porcelana.
(A) un
(B) unos
(C) una
(D) unas

La respuesta correcta es C.
El artículo que le antecede al sustantivo «muñeca» debe ir acorde al número y género. Ya que muñeca es singular y femenino y se está indicando cantidad, la opción C es la correcta.

64. La historia ____ Internet tiene sus inicios en 1950.
(A) del
(B) de el
(C) des
(D) de

La respuesta correcta es A.
Es incorrecto escribir «de el» a menos que el artículo «El» sea parte de un nombre propio como «El Internet», sin embargo, ya que la opción «de El Internet» no se encuentra disponible, la opción «del» también es válida. Significando pertenencia.

65. Elije la respuesta correcta:
(A) La Xanthofobia es el miedo al color Amarillo el sol las flores la pintura . . .
(B) La Xanthofobia es el miedo al color Amarillo; el sol las flores la pintura . . .
(C) La Xanthofobia es el miedo al color Amarillo, el sol las flores la pintura . . .
(D) La Xanthofobia es el miedo al color Amarillo; el sol, las flores, la pintura . . .

La respuesta correcta es D.
Se utiliza punto y coma para separar los elementos de una enumeración que, de igual manera, llevan coma.

66. Andalucía es una comunidad autónoma de España con ____ clima mediterráneo.
(A) un
(B) uno
(C) la
(D) del

La respuesta correcta es A.
La palabra «clima» es de género masculino, una de las pocas excepciones para palabras masculinas que terminan en -ma y ta. Entre algunas otras se encuentran; el cometa, el problema, el planeta y el mapa.

67. **Tengo un viaje planeado a Orlando, Florida el día ____ de enero.**
(A) veinte-cinco
(B) veinte y cinco
(C) veinte cinco
(D) vente cinco

La respuesta correcta es B.
Las palabras aceptadas por la Real Academia de la Lengua Española son «veinticinco» y «veinte y cinco»; del mismo modo que para el resto de los números.

Reading Part B: Short Cloze Passages

I. La pirámide de Kukulcán fue construida por __68__ Mayas en la península de Yucatán. En __69__ parte superior de la pirámide __70__ el Gobernador todos los días. __71__ un edificio importante para los habitantes de aquella época.

68. (A) las
(B) les
(C) los
(D) unas

69. (A) el
(B) él
(C) la
(D) lo

70. (A) se sentó
(B) sentaba
(C) se sentaba
(D) sentó

71. (A) Era
(B) Es
(C) Eran
(D) Había sido

68. La respuesta correcta es la C.
La oración necesita un artículo masculino plural para ser completa. Los artículos que ofrecen A y D son plurales, pero también son femeninos y no son correctos. La respuesta B ofrece un pronombre y no es correcto. La respuesta C es la única que ofrece un artículo masculino plural, y por esa razón es la correcta.

69. La respuesta correcta es la C.
Dado que el sustantivo es femenino y singular, la oración necesita un artículo femenino y singular para hacer par y completar la oración correctamente. La respuesta A ofrece un artículo masculino singular y no es correcta. La respuesta B ofrece pronombre y no es correcta. La respuesta D ofrece un artículo neutral y no es correcta. La respuesta C es la única que ofrece un artículo femenino singular y por esa razón es la correcta.

70. La respuesta correcta es la C.
Se necesita un verbo indicativo imperfecto con pronombre para completar la oración. Como se refiere al Gobernado, también necesita pronombre. La respuesta A ofrece pronombre con verbo pretérito y no es correcta. La respuesta B solamente ofrece verbo indicativo imperfecto sin pronombre y no es correcta. La respuesta D solamente ofrece un verbo pretérito sin pronombre y no es correcta. La respuesta C ofrece verbo indicativo imperfecto con pronombre, y por esas razones es la respuesta correcta.

71. La respuesta correcta es la A.
Dado el tema de la lectura, la oración final necesita un verbo singular en tercera persona en el pasado para ser completa. La única respuesta que ofrece un verbo de ese tipo es la A. La respuesta B ofrece un verbo singular en el presente y no es correcta. La respuesta C ofrece un verbo plural en tercera persona en el pasado y no es correcta tampoco. Aunque la respuesta D ofrece un verbo plural en tercera persona, es en el futuro, y no es correcta, ya que en sus últimas cinco palabras, la oración se refiere al pasado por medio de «los habitantes de aquella época».

II. María quiere __72__ un perro. Ella vive en un departamento pequeño y los perros necesitan espacio para correr. Yo __73__ que el animal no se va a __74__ fácilmente pero María __75__ que sí.

72. (A) adaptar	**73.** (A) adaptar	**74.** (A) adaptar	**75.** (A) adaptar
(B) adoptar	(B) adoptar	(B) adoptar	(B) adoptar
(C) pienso	(C) pienso	(C) pienso	(C) pienso
(D) piensa	(D) piensa	(D) piensa	(D) piensa

72. La respuesta correcta es la B.
Según el tema de la oración, se necesita un verbo apropiado en tercera persona singular para completarla. La respuesta A ofrece un verbo que no hace par con el tema del texto y no es correcta. La respuesta C ofrece un verbo en primera persona y no es correcta, y la respuesta D ofrece un verbo en tercera persona pero no hace par con el tema del texto y no es correcta. La única respuesta que ofrece un verbo apropiado para el tema de la oración en tercera persona es la respuesta B, y por esas razones es la respuesta correcta.

73. La respuesta correcta es la C.
La opción C se presenta como la opción correcta ya que el verbo «pienso» indica primera persona del singular en presente. Prestando atención a la oración el sujeto «yo» señala que el verbo que le sigue deberá estar conjugado acorde al mismo. Siendo que la opción C es la única que cumple con tal criterio, por lo tanto es la respuesta correcta.

74. La respuesta correcta es la A.
Al leer el contexto de la oración, se entiende que se está hablando de un animal, por lo tanto las opciones C y D («pienso» y «piensa») automáticamente se descartan ya que los animales son incapaces de «pensar». Dejando a las opciones A y B como posibles. Al prestar atención a las mismas se deduce que un animal no puede adoptarse a sí mismo, ya que la parte de lo oración «se va» indica que el sujeto (en este caso el animal) auto-realiza la acción, por ende la opción correcta es A. «adaptar».

75. La respuesta correcta es la D.
El sujeto en tercera persona del singular «María» indica que la conjugación correcta del verbo que le sigue es «piensa». Ya que es la única de las opciones aceptables para completar la oración de manera correcta. Al analizar las diferentes opciones que se tienen, se observa que la opción A «pienso» indica primera persona del singular (yo), mientras que las otras dos opciones «adaptar» y «adoptar» se encuentran en infinitivo, haciendo incoherente disponerlas en dicha parte de la oración. Por lo que la opción D es la correcta.

III. La música es un __76__ excepcionalmente peculiar. Debido a que engloba diferentes géneros y subgéneros. Mi prima y yo quisimos __77__ a tocar los tambores. __78__ son magníficos, el ruido que emiten es tan ensordecedor que me __79__ de continuar con las clases.

76. (A) harte
(B) árte
(C) harté
(D) arte

77. (A) aprender
(B) aprehender
(C) aprender
(D) aprende

78. (A) Aunque
(B) Aún y cuando
(C) Aun y cuando
(D) Ahora que

79. (A) harte
(B) harta
(C) harté
(D) arte

76. La respuesta correcta es la D.

Según el tema del texto, la oración necesita un sustantivo apropiado para hacer par con la frase adjetiva, «excepcionalmente peculiar». Las respuestas ofrecidas por medio de A y C son verbos en el presente y en el pasado y no son correctas. La palabra ofrecida por medio de la respuesta B no existe. La única respuesta que ofrece un sustantivo apropiado según el tema del texto es la respuesta D, cual es la correcta.

77. La respuesta correcta es la A.

Según el tema del texto, la oración necesita un verbo plural en el pasado para ser completa. La respuesta que ofrece B—aunque es verbo que se puede aplicar en el plural, es en el presente y no es correcta. La respuesta que ofrece la C, aunque es plural, es en el presente y no es correcta; y la respuesta D ofrece un verbo singular en tercera persona, y no es correcta tampoco. La única respuesta que ofrece un verbo plural en el pasado es la respuesta A, y es la correcta.

78. La respuesta correcta es la A.

La oración simplemente necesita una conjunción para ser completa. La respuesta ofrecida por B consiste de conjunción y adverbio y no es correcta. Además de faltarle tilde en la palabra, «Aún», la respuesta C también incluye adverbio y no es correcta. La respuesta proveída por medio de D incluye adverbio con conjunción y no es correcta tampoco. La única respuesta que provee solamente una conjunción es la A, y por esa razón es la correcta.

79. La respuesta correcta es la A.

La oración necesita un verbo en primera persona en el presente para ser completa. Aunque el verbo disponible por medio de la respuesta B es en el presente, es en segunda y tercera persona y no es correcto. La respuesta C es verbo en la primera persona en el pasado y no es correcta. Y la palabra ofrecida por la respuesta D es sustantiva y no es correcta.

IV. Madrid es la capital de España. Diversos acontecimientos __80__ a lo largo de la historia que la han hecho famosa. La __81__ de Madrid es, en general, muy __82__ . A __83__ viven ahí se les llama madrileños.

80. (A) sucederá	**81.** (A) gentes	**82.** (A) apreciable	**83.** (A) las que
(B) han sucedido	(B) gente	(B) apreciables	(B) quien
(C) sucederán	(C) persona	(C) amables	(C) quienes
(D) ha sucedido	(D) personas	(D) amable	(D) los

80. La respuesta correcta es la B.

Según el tema del texto, la oración necesita un verbo plural en el pasado para ser completa. La respuesta A ofrece un verbo singular en el futuro y no es correcta. La respuesta C ofrece un verbo plural en el futuro y no es correcta. La respuesta D ofrece un verbo singular en el pasado y no es correcta. La única respuesta que ofrece un verbo plural en el pasado, cual se necesita para completar la oración es la respuesta B, y por esas razones es la correcta.

81. La respuesta correcta es la B.

El artículo femenino singular al principio establece que se necesita un sustantivo femenino singular para completar la oración propiamente. La respuesta A ofrece un sustantivo plural y no es correcta. Como el tema se refiere a una ciudad, es más apropiado usar un sustantivo representando un grupo de personas en vez de un sustantivo que implicando sólo a individuos o personas. Debido a eso, las respuestas ofrecidas por medio de la C y la D no son correcta, y la única respuesta que ofrece sustantivo femenino singular y es correcta es la B.

82. La respuesta correcta es la D.

Habiendo establecido un sustantivo singular al principio de la oración, naturalmente se necesita un adjetivo singular para hacer par. Los adjetivos disponibles por medio de las respuestas B y C son plurales y no son correctos. Aunque la respuesta A ofrece un adjetivo singular, según el tema de la oración el más apropiado es el adjetivo ofrecido por medio de la respuesta D.

83. La respuesta correcta es la C.

Según el tema del párrafo, el verbo, viven—cual es plural, necesita un sustantivo plural de doble género para completar la oración correctamente y soportar el tema del párrafo al mismo tiempo. Aunque las respuestas disponibles por medio de la A y la D son plural, debido a que se refieren a sólo un género, no son correctas. La respuesta disponible por medio de la B es singular y no es correcta. Por lo tanto, el sustantivo plural de doble género, que ofrece la respuesta C, que implica que todas personas en Madrid son amables—y no sólo las de un género, es la respuesta correcta.

V. El periódico es un medio de comunicación. Ayer __84__ que un hombre escapó de la cárcel. Él mató __85__ herió a sus víctimas. __86__ abuela dice que __87__ que ser cuidadosos.

84. (A) leí
(B) leo
(C) ley
(D) lei

85. (A) y
(B) e
(C) ni
(D) que

86. (A) Sus
(B) Mi
(C) Mis
(D) Mí

87. (A) ahí
(B) hai
(C) ahi
(D) hay

84. La respuesta correcta es la A.

Ya que se ha establecido que la oración enfocará en el pasado, con un adverbio situado al principio, es claro que se necesita un verbo en el pasado para hacer par y completarla. La respuesta B ofrece un verbo en el presente y no es correcto. La respuesta C es sustantivo y no es correcta, y la respuesta disponible por medio de la D le falta tilde para indicar el pasado y no es correcta. La única respuesta que ofrece verbo con tilde para indicar el pasado es la A, y por esas razones es la respuesta correcta.

85. La respuesta correcta es la A.

Las conjunciones «y», «e», «ni», y «que» pertenecen a la categoría de conjunciones copulativas, las cuales indican suma o acumulación. En la oración se refiere a dos delitos, de mató y herió. Se utiliza la conjunción «y» ya que, fonéticamente, la siguiente palabra no comienza con el sonido, «i». Sería fonética y gramaticalmente incorrecto seleccionar la conjunción «e», ya que el sonido del sonido siguiente sería «e», la razón que la respuesta B no es correcta. La conjunción, «ni» intensifica negativos que en esta oración no existen, y por esa razón, la respuesta C no es correcta. La respuesta que ofrece la D («que») no es correcta tampoco porque sólo se usaría correctamente entremedio de sujeto u objeto; y en esta oración se usaría entre dos verbos, y gramáticamente no sería la respuesta correcta.

86. La respuesta correcta es la B.

Según el tema de la oración, se necesita un adjetivo posesivo en primera persona para uso con sustantivo singular para completar la oración. Aunque la respuesta A ofrece un adjetivo posesivo, es en tercera persona para uso con sustantivo plural y no es correcto. La respuesta ofrecida por medio de la C es adjetivo posesivo en primera persona para uso con sustantivo plural, y por esa razón no es correcta. La respuesta disponible por medio de D es exclamatoria y no es correcta. La respuesta B es la única que ofrece un adjetivo posesivo en primera persona para uso con sustantivo singular («Mi»), y por esa razón es la correcta.

87. La respuesta correcta es la D.

Según el tema, la oración necesita una interjección para ser completa. La respuesta A ofrece un adverbio y no es correcta. Las palabras que ofrecen las respuestas B y C no existen y no son correctas. La respuesta D ofrece una interjección, cual es la que se necesita, y por esa razón es la respuesta correcta.

VI. **El teatro negro de Praga es una representación __88__ muda que se caracteriza por llevarse a cabo en un __89__ negro a oscuras. Utiliza luz de manera estratégica __90__ dar lugar a un fantástico juego de luz y sombras. __91__ se lleva a cabo en todo el mundo, principalmente se realiza en Praga, República Checa.**

88. (A) escénica
(B) artística
(C) dancística
(D) sorda

89. (A) escenario
(B) patio
(C) casa
(D) lugar

90. (A) con
(B) por
(C) sin
(D) para

91. (A) Donde
(B) Todavía
(C) Aunque
(D) Como

88. La respuesta correcta es la A.
Según el sustantivo femenino singular situado al principio de la oración, es claro que se necesita un adjetivo del mismo tipo para completarla. Aunque todas las respuestas que ofrecidas desde A hasta D son adjetivos femeninos singulares, según el tema de la oración, la respuesta correcta es la A.

89. La respuesta correcta es la A.
Según los adjetivos masculinos singulares posicionados a los dos lados de la palabra que falta, es claro que se necesita un adjetivo masculino singular adicional para hacer par, para completar la oración correctamente. La respuesta que ofrece la C es femenina singular y no es correcta. Aunque todas las respuestas que ofrecidas por medio de A, B, y D son adjetivos masculinos singulares, según el tema de la oración, la respuesta más correcta es la A.

90. La respuesta correcta es la D.
Según el tema de la oración, se necesita una preposición para completarla. Aunque todas las respuestas ofrecen preposiciones, la más apropiada es la D.

91. La respuesta correcta es la C.
Se necesita una conjunción para completar la oración, y la única respuesta que ofrece una es la C, y por esa razón es correcta. Las respuestas A, B, y D ofrecen adverbios y no son correctas.

Reading Part C: Reading Passages & Authentic Stimulus Material

92. **¿Qué estación del año se muestra en la imagen?**
    (A) El otoño.
    (B) El verano.
    (C) La primavera.
    (D) El invierno.

    La respuesta correcta es D.
    Dado que se ve un árbol de Navidad al lado izquierda de la imagen; y la chica al lado derecho de la imagen lleva suéter, es indudable que la estación del año que se muestra en la imagen es el invierno, y por esas razones, las respuesta correcta es la D.

93. **¿Cuál es el estado de ánimo de la joven en la imagen?**
    (A) Tristeza.
    (B) Felicidad.
    (C) Temor.
    (D) Nostalgia.

    La respuesta correcta es niño B.
    La sonrisa que muestra la chica indica que el estado de ánimo de ella es uno de felicidad, y no uno de tristeza, temor, o nostalgia.

94. **¿Qué está haciendo la joven?**
    (A) Leyendo.
    (B) Escribiendo.
    (C) Bailando.
    (D) Escuchando.

    La respuesta correcta es D.
    La joven tiene sus manos en los audífonos sobre sus oídos, y revela claramente que esta escuchando, y no leyendo, escribiendo, u bailando.

EL UNIVERSAL
Nuevo espacio para los paradigmas de la fotografía

95. ¿De qué se trata la noticia?

(A) Acerca de una escuela.
(B) Acerca de un museo.
(C) Acerca de fotografías.
(D) Acerca de una alberca olímpica.

La respuesta correcta es B.
Según el contenido del titular junto con la vista de una galería, es claro que la noticia se trata de un museo; y no de una escuela, unas fotografías, o una alberca olímpica.

96. ¿Cuándo abre el recinto?

(A) 5 mil 200 metros cuadrados.
(B) El 5 de septiembre.
(C) Fundación Pedro Meyer.
(D) El Universal.

La respuesta correcta es B.
Según la información en el fondo de la foto principal, el recinto abrirá el 5 de septiembre.

Soy hombre—duro poco
Y es enorme la noche.
Pero miro hacia arriba:
Las estrellas escriben.
Sin entender comprendo:
También soy escritura
Y en este mismo momento
Alguien me deletrea.
Octavio Paz.

97. ¿Qué tipo de texto es?

(A) Cuento.
(B) Historia de miedo.
(C) Poema.
(D) Noticia.

La respuesta correcta es la C.
Dado el contenido, así como el hecho que el texto es presentado en forma de estrofa larga, es claro que el tipo del texto es poema, y no uno de noticia, historia de miedo u cuento.

El chocolate es uno de los alimentos que más nos gusta a los seres humanos. El producto fundamental para elaborar chocolate es un fruto llamado cacao. Dentro del fruto están las semillas. Se sabe que el primer lugar en donde se cultivó fue México. Allí, el pueblo maya descubrió que si las semillas de cacao se tostaban y se mezclaban con agua y otros ingredientes como el maíz, el resultado era una bebida rica y nutritiva, a la que llamaron «Xocolatl», que por lo visto significa «agua amarga».

98. ¿Cuál es el ingrediente principal del chocolate?

(A) En México.
(B) El maya.
(C) El cacao.
(D) «Agua amarga».

La respuesta correcta es la C.
Según la información en la cuarta línea del texto, el caco es el ingrediente principal del chocolate, y la respuesta correcta es la C. Las respuestas que ofrecen las respuestas A y B se no se tratan de ingredientes. La «agua amarga» mencionada por medio de D, también según la información en el texto es otro nombre que se le llama al chocolate, y no se refiere a ningún ingrediente en particular.

En las mañanas cálidas del verano, el gallo Kiko es el primero en despertarse. Abre sus ojos pequeños, sacude sus plumas, y le saluda al Sol. Después, sube al palo más alto del gallinero para que todo el mundo lo vea. Sabe que su trabajo es uno de los más importantes de la granja: despertar con su ki-ki-rikí a todos los animales.

99. ¿Cuál es el trabajo del gallo Kiko?

(A) Despertar a todos los animales.
(B) Darles de comer a todos los animales.
(C) Limpiar la granja.
(D) Subir al palo más alto del gallinero.

La respuesta correcta es la A.
Según la información en la tercera y cuarta línea del texto, la respuesta correcta es la A.

Única en el mundo griego, la diarquía es una monarquía dual hereditaria. Aristóteles definió la diarquía como un generalato hereditario y vitalicio. Según la tradición, la diarquía descendió de dos familias que incluso habían llegado a enfrentarse: Los Agiadas y los Euripóntidas. La diarquía se explica como un compromiso entre los dos grupos que formaba la policía de Esparta. Otra versión dice que los espartanos decidieron crear una monarquía con carácter colegiado (compartido) y por eso crearon la diarquía. En las diarquías no se reparte el poder, sino que ambos grupos tienen los mismos poderes.

100. ¿Qué es una diarquía?

(A) Un rey y una reina quienes gobiernan.
(B) Una familia de reyes y princesas quienes gobiernan.
(C) Dos reyes quienes gobiernan.
(D) Un rey y un parlamento que juntos gobiernan.

La respuesta correcta es la C.
Según la información en la primera línea del texto, junto con la información en la sexta y séptima línea del texto, es claro que la respuesta correcta es la C.

En la parte más alta de la ciudad, sobre una columnita, se alzaba la estatua del Príncipe Feliz. Estaba toda revestida de madreselva de oro fino. Tenía, a guisa de ojos, dos centelleantes zafiros y un gran rubí rojo ardía en el puño de su espada. Una noche voló una golondrinita sin descanso hacia la ciudad. Entonces divisó la estatua sobre la columnita.

«¡Voy a cobijarme allí!» -gritó. «El sitio es bonito. Hay mucho aire fresco.»

Y se dejó caer precisamente entre los pies del Príncipe Feliz. Pero al ir a colocar su cabeza bajo el ala, he aquí que le cayó encima una gota de agua pesada. Y después otra . . .
~ Oscar Wilde

101. ¿De qué tamaño era el ave que voló sobre la estatua del Príncipe Feliz?

(A) Grande.
(B) Pequeño.
(C) Mediano.
(D) Muy grande.

La respuesta correcta es la B.
Según la información en la cuarta línea del texto, la respuesta correcta es la B.

Las ventanas de las casas de Mónica y de Camelia

Mónica y Camelia son hermanas y viven en diferentes áreas del país. La casa de Mónica está ubicada en una ciudad pequeña que se distingue por sus viñedos y terreno montañoso. Por otro lado, Camelia vive muy contenta en la costa.

Los marcos de las ventanas de las casas de Mónica y Camelia son de hierro. Los marcos de las ventanas de la casa de Camelia, ubicada cerca de la playa, están oxidadas debido al efecto de la brisa marina, mientras que los de la casa de Mónica, ubicada en la montaña, no muestran ninguna corrosión. Cada día Camelia siente más la necesidad de instalar marcos de aluminio en su casa, pero el precio la detiene. El presupuesto entregado por el arquitecto le parece muy alto y ella ha decidido que no está dispuesta a hacer esta inversión. Sin embargo, Mónica opina que es necesario invertir en la instalación de marcos nuevos para la probabilidad de venta de la casa futura, y que también debería considerar que el presupuesto está dentro de los precios del mercado actual.

102. ¿En dónde vive Camelia?

(A) En la ciudad.
(B) En la montaña.

(C) En la playa.
(D) En el mar.

La respuesta correcta es la C.
Según la información en la tercera línea del texto, la respuesta correcta es la correcta.

103. ¿Por qué quiere cambiar Mónica los marcos de su casa?

(A) Debido a la corrosión que presentan.
(B) Debido a que son costosos.
(C) Debido a que tal vez venda su casa en el futuro.
(D) Debido a que el arquitecto le haya presentado un presupuesto.

La respuesta correcta es la C.
Según la información en la séptima y octava línea del segundo párrafo del texto, la respuesta correcta es la C.

El Virreinato de la Nueva España fue uno de los primeros que la Vieja España estableció en su imperio americano; en contraste, el del Río de la Plata, con capital en Buenos Aires, se formó relativamente tarde—en 1776—tras ser liberado administrativamente del control que sobre el ejercía El Perú.

El México independiente nació y se desarrolló como un país de demografía dominantemente indígena y mestiza, cuya accidentada economía—similar a su geografía—siguió centrada en la minería y en una agricultura dominantemente local. El país del sur, en cambio, se pobló con oleadas de inmigrantes europeos—principalmente italianos y españoles, que llevaron la población de 1.8 millones en 1869 a 8 millones en 1914—con educación formal promedio muy superior a la del resto del subcontinente; sus estupendas planicies húmedas—La Pampa—permitieron a La Argentina desarrollar una exitosa agricultura y ganadería comercial—al inicio del siglo XX Argentina era el mayor exportador de carnes y trigo—y dio forma a una sociedad urbana muy sofisticada, centrada en el puerto de Buenos Aires.

Al despuntar el siglo XX, ya habían quedado atrás las constantes guerras civiles y la construcción de una amplia red ferroviaria había transformado, y mucho, tanto a México como a Argentina, pero esta última contaba con un sistema educativo y con un nivel de vida muy superior al de México y en su europeización y cosmopolitismo le llevaban una gran delantera al México Porfirista.

En realidad, desde entonces había bases económicas y culturales suficientes para suponer que el antiguo virreinato del Río de La Plata sería el primer país latinoamericano que superaría su condición de sociedad periférica para convertirse en desarrollo. Si finalmente ése no fue el caso, la explicación se encuentra en una gran falla política.

En el caso de México, la revolución social y política que experimentó a partir de 1910 hizo que más de un observador lo diera por perdido para el desarrollo, pero resultó que justamente esa revolución y nacionalismo le dio, a partir de 1940, una estabilidad autoritaria que lo distinguió del resto de los países latinoamericanos, incluyendo Argentina.

Entre otros factores, se encuentra en que durante la Segunda Guerra Mundial, el populismo revolucionario mexicano se alineó sin dificultad con el ganador—los Estados Unidos y sin gran dificultad, desembocó en un régimen estable, corporativo, de partido de Estado y de indudable predominio civil. En contraste, Argentina se identificó con el perdedor de la guerra, con el Eje y su posterior populismo—el Peronista—entró en conflicto con los Estados Unidos y terminó por desembocar en un proceso muy diferente al mexicano, donde la inestabilidad fue la constante y el papel del ejército central pero sin poder darle equilibrio a la política.

En conclusión, tanto el autoritarismo populista y «revolucionario» mexicano como el populismo Peronista argentino, seguido por el autoritarismo militar, burocrático y excluyente, resultaron ser excelentes caldos de cultivo de la corrupción pública.

104. ¿A qué país se refiere la línea «el virreinato del Río de la Plata»?

(A) a México.
(B) a los Estados Unidos.
(C) a España.
(D) a la Argentina.

La respuesta correcta es la D.
Según la información en las primeras tres líneas del texto, la respuesta correcta es la D.

105. ¿A qué hace referencia el término, «sociedad periférica»?

(A) a una sociedad pobre.
(B) a una sociedad alejada.
(C) a una sociedad próspera.
(D) a una sociedad tranquila.

La respuesta correcta es la A.
Según la información en el tercer y cuarto párrafo del texto, la respuesta correcta es la A.

106. ¿Por qué no se convirtió la Argentina a la primera nación latinoamericana en superar la condición de la sociedad periférica?

(A) Por falta de dinero.
(B) Debido a falta de gobernantes con estrategias adecuadas.
(C) Debido a una mala decisión del gobierno.
(D) Por cuestiones generales del Siglo Veinte.

La respuesta correcta es la B.
Según la información en el sexto y séptimo párrafos de la lectura, la respuesta correcta es la B.

107. ¿Qué tipo de texto es?

(A) De contraste.
(B) Argumentativo.
(C) Metafórico.
(D) Bibliográfico.

La respuesta correcta es la A.
Según el tema del texto entero, la respuesta correcta es la A.

108. ¿Cuál es el tema principal del texto?

(A) La libertad de Argentina y de México de sus respectivos opresores.
(B) La corrupción en ambos países.
(C) Las Guerras Mundiales y con los Estados Unidos.
(D) El desempeño y desarrollo de ambas naciones.

La respuesta correcta es la D.
Según la información en el texto en total, la respuesta correcta es la D.

109. ¿Cuál es la relación entre la economía y la geografía de México?

(A) Tanto la economía como la geografía son irregulares/no estables.
(B) Los accidentes que ocurren en el país tienen que ver con su geografía y su economía.
(C) En México hay muchas montañas y ríos que hacen difícil encontrar planicies.
(D) De 1.8 millones de pesos en 1869, en 1914 incrementó a 8 millones de pesos.

La respuesta correcta es la A.
Según la información en la primera y segunda línea del segundo párrafo, la respuesta correcta es la A.

110. ¿A partir de qué año resaltó México de entre los países latinoamericanos?

(A) 1910.
(B) 1914.
(C) 1940.
(D) 1776.

La respuesta correcta es la C.
Según la información en el quinto párrafo del texto, la respuesta correcta es la C.

111. ¿A qué se refiere el término, «alineó» en la línea 26?

(A) A unirse.
(B) A alearse.
(C) A juntarse.
(D) A alinearse.

La respuesta correcta es la A.
Según el tema del texto, la respuesta correcta es la A.

112. ¿Qué exportaba Argentina al inicio del Siglo Veinte?

(A) Animales y frutas.
(B) Cebadas y animales.
(C) Trigo y carnes.
(D) Ganado y carnes.

La respuesta correcta es la C.

Según la información en la última oración del segundo párrafo del texto, la respuesta correcta es la C.

113. ¿Qué se puede inferir de la lectura?

(A) Ambos países tuvieron sus épocas prósperas y actualmente ambos están estancados en diversos ámbitos.

(B) La Argentina y México han sido países latinoamericanos sobresalientes por el hecho de introducir el ferrocarril así como otras tecnologías.

(C) La corrupción en América Latina es un problema grave difícil de erradicar y que día a día se acrecienta.

(D) Principalmente, el virreinato de la Nueva España fue un parteaguas en la historia mundial y de Las Américas.

La respuesta correcta es la A.

Según la información en el texto entero, la respuesta correcta es la A.

Órale, Fausto

A mí mucha gente me ha engañado, me está engañando y me va a seguir engañando. No me importa mucho, siempre y cuando el engaño no ocasione demasiado daño. A Fausto le acepté su primera disculpa, cuando supimos que no había presentado su tesis y por lo tanto, no era doctor. Ahora Fausto ha reconocido que tampoco recibió su título profesional. ¿Y ahora qué? ¡Pues órale, muévete Fausto!

¿Cómo es posible que Fausto nos siguiera engañando después de habernos pedido disculpas? No se vale pedir disculpas reconociendo un engaño para seguir engañando después. Me gustaría que Fausto volviera a pedirnos disculpas pero ahora, con hechos; abandonando la Secretaría. Obras son amores.

¿Cómo pedirle de un buen modo a un amigo que deje tan anhelada la Secretaría? Por lo tanto se lo estoy pidiendo ya que, si no fuera mi amigo, se lo exigiría. La amistad sigue en pie ya que yo les aguanto tres fregaderas a mis amigos y Fausto tan sólo lleva dos.

Además yo acostumbro llevarme duro con mis amigos. Es importante saber criticarse y aconsejarse entre amigos para verificarnos el plan el vuelo. Esta vez, como amigo y como ciudadano, aun estando consciente del valor que Fausto puede aportar a la Secretaría, tengo que aconsejarle a Fausto que abandone la Secretaría de Educación.

No me importa que lo haga o que no lo haga porque beneficie o perjudique a su queridísimo amigo Ernesto Zedillo, eso para nosotros no tiene la menor importancia. Tampoco tiene importancia si Fausto fue, es y seguirá siendo mi amigo. Lo que importa es que el Secretario de Educación debe, antes que nada, ser un educador. Lo primero que necesita ser un educador es ser educado.

Para ser una persona educada, efectivamente, el título no es importante, pero para ser una persona bien educada es necesario pretender, exactamente lo que se es. En una persona educada la imagen y la realidad coinciden.

Pretender ser lo que no se es, es vivir en el engaño personal y social.

~Enrique Canales, «Órale Fausto»; Periódico El Norte, 1995.

114. ¿En qué persona está escrito el texto?

(A) Primera del Plural.

(B) Segunda del Singular.

(C) Tercera del Singular.

(D) Primera del Singular.

La respuesta correcta es la D.

Según la información en el texto, la respuesta correcta es la D.

115. ¿Qué significa la palabra, «órale»?

(A) Palabra coloquial, exclamación de sorpresa o para llamar la atención de una persona.

(B) Hora del día en que empieza a oscurecer.

(C) Momento en el que se comete un error.

(D) Palabra de exclamación, relacionada con los toros y el arte taurino.

La respuesta correcta es la A.

Según la definición de la palabra, la respuesta correcta es la A.

116. ¿Por qué tiene que dejar Fausto la Secretaría?

(A) Por causas de salud.
(B) Debido a que mintió.
(C) Debido a sus amigos.
(D) Debido a su amigo Ernesto Zedillo.

La respuesta correcta es la B.
Según la información en el texto, la respuesta correcta es la B.

117. ¿Por qué se le pide a Fausto que deje la Secretaría en vez de exigírsele?

(A) Porque beneficiaba y perjudicaba a su amigo Ernesto Zedillo.
(B) Porque ellos son amigos y a los amigos Fausto les concede tres oportunidades.
(C) Porque la tercera oportunidad es la definitiva para pedir.
(D) Porque llevaba tres años en el puesto.

La respuesta correcta es la B.
Según la información en la lectura, la respuesta correcta es la B.

118. ¿Qué relación tienen Fausto y el narrador?

(A) Padre e hijo.
(B) Desconocidos.
(C) Compañeros de trabajo.
(D) Amigos.

La respuesta correcta es la D.
Según el tono de la lectura, y el hecho que el autor menciona que son amigos en el tercer y quinto párrafo, la respuesta correcta es la D.

119. ¿Según el autor, qué es lo esencial para dedicarse a educar?

(A) Tener un título de doctorado.
(B) Tener amigos.
(C) Ser educado.
(D) No engañar.

La respuesta correcta es la C.
Según la información en el quinto párrafo, la respuesta correcta es la C.

120. ¿Qué tipo de texto es?

(A) Histórico.
(B) Literario.
(C) Documental.
(D) Periodístico.

La respuesta correcta es la B.
Según el estilo de la escritura que se usa en la lectura, la respuesta correcta es la B.

Sample Test Two

Listening: Rejoinders

Directions: You will hear short conversations or parts of conversations. You will then hear four responses, designated (A), (B), (C), and (D). After you hear the four responses, select the response that most logically continues or completes the conversation. Fill in the corresponding oval on your answer sheet. Neither the answer choices nor the conversations will be printed in your test booklet, so you must listen very carefully. You will have 10 seconds to choose your response before the next conversation begins.

Número 1. **MALE** ¿Cuándo compraste el celular?
FEMALE
(A) La próxima semana
(B) Antier
(C) Mañana a las 8:30 am.
(D) El próximo Diciembre.

Número 2. **MALE** ¿Cuánto dinero tienes en tu caja fuerte?
FEMALE
(A) Quinientos mil pesos.
(B) 2 horas y 30 segundos.
(C) Era de mi abuelo.
(D) En el 2015.

Número 3. **FEMALE** ¿Vas a ir en autobús al museo?
MALE
(A) No, estoy en pie.
(B) Fui caminando.
(C) No, me voy a pie.
(D) Estuve corriendo.

Número 4. **FEMALE** ¿A qué horas cierran la cafetería?
MALE
(A) A las 8:30 pm
(B) El fin de semana.
(C) Los días festivos.
(D) Los días hábiles.

Número 5. **MALE** ¿Cuál es tu énfasis en la carrera?
FEMALE
(A) en el quinto semestre
(B) estudio ciencias
(C) Gestión empresarial
(D) la empresa de mi padre

Número 6. **MALE** ¿Cuándo son las convocatorias para el proyecto nanotecnología?
FEMALE
(A) Hace dos años
(B) En octubre es mi cumpleaños
(C) En Diciembre es navidad
(D) en la primera cohorte del segundo semestre

Número 7. **MALE** ¿Cuál es tu estación favorita?
FEMALE
(A) Agosto
(B) Primavera
(C) El tren está cerca a mi casa
(D) La hamburguesa es mi favorita

Número 8. **MALE** ¿Dónde se encuentra el despacho del profesor de Física?
FEMALE
(A) Al frente de la sala de sistemas.
(B) Mañana al medio día.
(C) El café es cercano.
(D) Se llama Pedro.

Número 9. **MALE** ¿Cuál fue el puesto ocupaste en el examen de admisión?
FEMALE
(A) El 1.3 puesto.
(B) Uno puesto.
(C) El doce puesto.
(D) El quinto puesto.

Número 10. **MALE** ¿Puedes encender la calefacción del aula?
FEMALE
(A) Los estudiantes dañaron la nevera.
(B) Estamos a 15°C.
(C) Se fue el agua.
(D) No hay.

Número 11. **MALE** ¿Por cuánto tiempo te dieron el pasaporte?
FEMALE
(A) El mes pasado.
(B) Por una década.
(C) Se demoró una hora.
(D) Tardó un día.

Número 12. **FEMALE** ¿Quién te regaló esa blusa verde?
MALE
(A) Un mío amigo.
(B) Un amigo mío.
(C) Un mi amigo.
(D) La amigo.

Número 13. **FEMALE** ¿Cuándo empezaste a leer el libro de suspenso?
MALE
(A) Lo empecé a leer en vacaciones.
(B) Empiécelo en vacaciones.
(C) Se empezó en vacaciones.
(D) Empiézalo en vacaciones.

Número 14. **FEMALE** No te sientas mal por esa situación.
MALE
(A) Me dio pena.
(B) Me sentí pena.
(C) Me siento pena.
(D) Me tuve pena.

Número 15. **FEMALE** ¿Cómo ha sido el desempeño del equipo de béisbol?
MALE
(A) Bien.
(B) Contento.
(C) Óptimo.
(D) Mal.

Número 16. **FEMALE** ¿Qué factor te ha beneficiado en el nuevo trabajo?
MALE
(A) Siendo de otro país me ha beneficiado.
(B) De ser de otro país me ha beneficiado.
(C) Si hubiera sido de otro país me habría beneficiado.
(D) El ser de otro país me ha beneficiado.

Número 17. **FEMALE** ¿Es verdad que la profesora Mónica me necesita?
MALE
(A) Ve a verlo lo antes que puedas.
(B) Ve a verla lo antes que puedas.
(C) Fue a verla lo antes que puedas.
(D) Sí, ir lo antes que puedas.

Número 18. **FEMALE** ¿A Quiénes vas a invitar a la excursión?
MALE
(A) Todo que quiera venir que se apunte.
(B) Todo mundo quiera venir que se apunte.
(C) Todo el que quiera ir que se apunte.
(D) Que se apunte todo que quiera.

Sample Test Two

Sample Test Two

Listening: Dialogues and Narratives

Directions: You will hear a series of dialogues, news reports, narratives, and announcements. Listen carefully, as each selection will only be spoken once. One or more questions with four possible answers are printed in your test booklet. They will not be spoken. After each selection has been read, choose the best answer choice for each question and fill in the corresponding oval on your answer sheet. You will be given 12 seconds to answer each question.

Selección número 1

En una entrevista telefónica sobre la televisión

JOSÉ: Buenas tardes, mi nombre es José y queremos hacerle unas preguntas con respecto al tiempo que consume viendo televisión. ¿Puede atenderme la llamada?

VALERIA: Si tengo algunos minutos.

JOSÉ: Primero, ¿Tiene más de un televisor en su casa?

VALERIA: Si, tenemos dos—uno en la sala y el otro en la cocina.

JOSÉ: Segundo, ¿Ve más de seis horas al día de televisión?

VALERIA: La verdad, veo cerca de cuatro horas y treinta minutos todos los días durante la semana.

JOSÉ: La última pregunta ¿Prefiere ver televisión o salir con su familia?

VALERIA: Ver televisión.

JOSÉ: Muchas gracias por su tiempo, ¡Que tenga un día feliz!

NARRADOR: *Ahora contesta las preguntas 19, 20, y 21*

19. ¿Cuántos televisores tiene Valeria en la casa?

(A) Tres televisores.

(B) Cinco televisores.

(C) Cuatro televisores.

(D) Dos televisores.

20. ¿Cuántas horas de televisión ve Valeria durante por semana?

(A) 21.5 horas.

(B) 4.5 horas.

(C) 30 horas.

(D) 4 horas y 30 minutos.

21. **A Valeria le encanta la televisión, sin embargo, ella prefiere compartir con su familia.**
   (A) Verdadero, porque ella pasa la mayor parte de su día con su familia.
   (B) Falso, porque ella prefiere ver un programa de televisión en vez de compartir con su familia.
   (C) Verdadero, porque ella ve televisión con su familia.
   (D) Falso, porque ella prefiere cocinar para su familia.

Selección número 2

Una llamada telefónica

EVA: ¡Hola!

ANTONIO: Hola, ¿puedo hablar con Alejandra?

EVA: ¿Quién habla?

ANTONIO: Habla Antonio.

EVA: Hola Antonio, ¿Cómo has estado?

ANTONIO: Muy bien, Eva ¿y tú?

EVA: Fantástico, gracias por preguntar. Un momento—voy a mirar si ella está en la oficina.

ANTONIO: Está bien, esperaré.

EVA: Ella está en una reunión, ¿Puedes llamarla en una hora?

ANTONIO: De acuerdo, oh!, no, debo salir ahora mismo, luego la contactaré, ¡gracias!

EVA: ¡Adiós!

NARRADOR: *Ahora contesta las preguntas de 22, 23 y 24.*

22. **¿Con quién habla Antonio?**
   (A) Con Alejandra.
   (B) Con Eva.
   (C) Con Alejandra y Eva.
   (D) Con su jefe.

23. **¿A dónde se encuentra Alejandra?**
   (A) En la oficina.
   (B) En la casa.
   (C) En una junta.
   (D) En la Universidad.

24. **¿Cuándo va a llamar Antonio nuevamente?**
   (A) Se desconoce cuándo.
   (B) En una hora.
   (C) En una hora y media.
   (D) El siguiente día.

Selección número 3

De Vacaciones

MARCELO: ¿Qué vas hacer en vacaciones, Valentina?

VALENTINA: Te cuento que mi hermano vendrá a visitarme por una semana.

MARCELO: ¿Vas para algún lugar en esa semana?

VALENTINA: En la primer semana, vamos a quedarnos en la cuidad porque es su primera vez en Londres, y por lo tanto, queremos hacer varios paseos turísticos.

MARCELO: ¿Adónde lo vas a llevar?

VALENTINA: ¡Oh!, a los lugares más conocidos, como el Museo Británico, la Galería Nacional, la Torre de Londres. Vamos a conducir porque nos gusta el paisaje entre las montañas.

MARCELO: Suena muy interesante.

VALENTINA: ¿Y qué planes tienes tú?

MARCELO: Nada especial, solamente voy a quedarme en casa y hacer algunos oficios del hogar.

VALENTINA: ¿Qué necesitas hacer?

MARCELO: Pintar mi cuarto de algunos colores vivos como amarillo y azul.

VALENTINA: Súper.

MARCELO: Y también voy a tomar algunas clases de conducción, porque necesito conseguir mi licencia de conducción lo más pronto posible porque quiero comprarme un carro en diciembre.

VALENTINA: ¿A cuál escuela de conducción vas?

MARCELO: Mi novia va a enseñarme gratis. Ella es instructora de conducción en una escuela.

VALENTINA: ¡Que afortunado!

MARCELO: También voy a limpiar mi jardín, ¿quieres ayudarme?

VALENTINA: ¡De ninguna manera!

NARRADOR: *Ahora contesta las preguntas 25, 26 y 27.*

25. ¿Quién viene de visita?

(A) Marcelo.
(B) Valentina.
(C) El primo de Marcelo.
(D) El hermano de Valentina.

26. ¿Qué lugares van a visitar ellos?

(A) La Galería Nacional, el Museo Británico y la Torre de Londres.
(B) La Galería Nacional, el Museo Británico y la Torre de Londres y las montañas azules.
(C) El Museo Británico, la Torre de Londres, y las montañas.
(D) El tren de Londres, La Galería Nacional y el Museo Británico.

27. ¿A cuál escuela de conducción va Marcelo?

(A) A Licencia de conducción.
(B) A la Escuela de Londres.
(C) Él no va a ninguna escuela, pero su hermano le enseña.
(D) Él va a la escuela donde enseña su novia.

Selección número 4

En el restaurante

LUCÍA: Tengo mucha hambre ¿y tú Miguel?

MIGUEL: Lucía, la verdad es que no tengo mucha hambre.

LUCÍA: ¡Oh!, mira el menú. Tienen muchos platos de comida Mexicana. ¿Quieres?

MIGUEL: No, yo prefiero mariscos.

LUCÍA: Tal vez, un ceviche sería buena opción ¿Quieres uno?

MIGUEL: Sí, me suena la idea, tal vez pediré eso.

LUCÍA: También tienen pollo en salsa teriyaki con chile y guacamole.

MIGUEL: Ese plato es delicioso, pero no puedo comer comida picante.

LUCÍA: ¡Es una lástima!

MIGUEL: Pasta con queso y carne molida y tomate. ¿Te gusta la pasta?

LUCÍA: Si me gusta, pero no quiero comer eso hoy. Voy a pedir el plato que vi primero en el menú.

MIGUEL: Buena elección.

LUCÍA: Luego, voy a pedir un plato de mariscos.

MIGUEL: Yo sólo comeré el pollo con el guacamole, pero sin el chile.

NARRADOR: *Ahora contesta las preguntas 28, 29 y 30.*

28. ¿Están hambrientos Miguel y Lucía hoy?

(A) Únicamente Miguel está hambriento.
(B) Ambos están hambrientos.
(C) Únicamente Lucía está hambrienta.
(D) Miguel está hambriento pero Lucía no.

29. ¿A quién le hace daño lo picante?

(A) A ambas personas.
(B) A Miguel.
(C) A Lucía.
(D) A ninguno de los dos.

30. **¿Qué platos de comida ordenan?**
   (A) Lucía ordena un ceviche y Miguel pasta con queso, carne molida, y tomate.
   (B) Las dos personas ordenan ceviche.
   (C) Las dos personas ordenan pasta con queso, carne molida, y tomate.
   (D) Lucía ordena el plato de comida mexicana y Miguel el pollo en salsa teriyaki con guacamole.

Selección número 5

¿Dónde naciste? (Nacionalidad)

ALICIA: ¿De dónde eres, César?

CÉSAR: Soy de Manizales, pero vivo aquí en Montevideo.

ALICIA: ¡Vaya!, y ¿Por qué vives allá?

CÉSAR: Porque mi familia se mudó a Uruguay cuando yo estaba en el colegio.

ALICIA: Y a ¿Qué se dedicaban tus padres en ese país?

CÉSAR: Mi mamá era Jueza, pero mi papá era Biólogo en Colombia, aunque ahora ambos están jubilados y todos vivimos juntos. Y tú de ¿dónde eres, Alicia?

ALICIA: Que casualidad, también nací en tu país de origen.

CÉSAR: ¿Hace cuánto vives acá?

ALICIA: Hacen 20 años, desde que se mudó mi familia.

CÉSAR: Me alegra que seamos compatriotas.

NARRADOR: *Ahora contesta las preguntas 31, 32 y 33.*

31. **¿En qué país viven ambas personas?**
   (A) Uruguay.
   (B) Paraguay.
   (C) Colombia.
   (D) Estados Unidos.

32. **¿En qué campo trabajaban los padres de César?**
   (A) En el campo de la Biología y la Medicina.
   (B) En el campo de la Abogacía y Educación.
   (C) En el campo de la ley y el estudio de los seres vivos.
   (D) En el campo de la Química y la Ingeniería.

33. **¿Cuál es la nacionalidad de César y Alicia?**
   (A) Uruguaya.
   (B) Paraguaya.
   (C) Colombiana.
   (D) Estadounidense.

Selección número 6

El clima hoy para los ciclistas

Después de cruzar la ciudad de Armenia y Pereira, los ciclistas de Bogotá y Cali han estado subiendo las montañas de Manizales por una hora. Ellos parecen estar muy cansados, agotados, y están sudando aunque ellos se han estado hidratando con su botella de agua personal. Si estuviera lloviendo, la carrera sería mucho más peligrosa. De todas maneras, es muy difícil montar en bicicleta en estas lomas. Sin embargo, el clima nublado ha ayudado a ocultar un poco los rayos directos del sol para que ellos puedan culminar la carrera satisfactoriamente.

NARRADOR: *Ahora contesta las preguntas 34, 35 y 36.*

34. ¿Por cuáles ciudades se lleva a cabo la carrera?

(A) Quindío, Risaralda y Caldas.
(B) Bogotá, Armenia y Manizales.
(C) Armenia, Cali y Manizales.
(D) Armenia, Pereira y Manizales.

35. ¿Por qué es difícil la carrera para los ciclistas?

(A) Por el tráfico.
(B) Por las lomas.
(C) Por el clima actual.
(D) Por la falta de hidratación.

36. ¿Cómo ha estado el clima durante la carrera?

(A) Nublado.
(B) Lluvioso.
(C) Soleado y seco.
(D) Húmedo.

Selección número 7

La nueva empresa de televisión Suramericana

Jorge es un gerente que se encarga de todo el funcionamiento de la compañía SUPERTV. Ésta produce varios estilos de televisión todos los días, ya que exporta grandes volúmenes de producción a precios económicos hacia Italia, Noruega, Suecia, Dinamarca, Alemania, y Rusia; e importa la materia prima desde Japón y China.

El gerente piensa desarrollar un proyecto que requiere mucho esfuerzo y alianzas con otros países como Argentina, Chile, Colombia, Perú, Paraguay, y Uruguay. El éxito de este proyecto puede darse de acuerdo rápidamente a una combinación buena de inversión, talento, tecnología nueva, y suerte. Si se lleva a cabo este proyecto, el salario mínimo para cada uno de los empleados incrementará el diez por ciento sobre dos mil trescientos cincuenta y tres dólares.

NARRADOR: *Ahora contesta las preguntas 37, 38 y 39.*

37. ¿A qué países exporta la empresa los bienes?

(A) Argentina, Chile, Colombia, Perú, Uruguay, y Paraguay.
(B) Rusia, Alemania, Italia, Colombia, y Perú.
(C) Italia, Noruega, Suecia, Dinamarca, Alemania, y Rusia.
(D) Japón y China.

38. ¿Cuál será el salario mínimo si se aprueba el proyecto nuevo?

(A) 2585.
(B) 235.
(C) 10 por ciento.
(D) 2350.

39. ¿De qué depende el éxito del proyecto nuevo?

(A) De talento, suerte, e inversión.
(B) De inversión, alianzas, y patrocinios.
(C) De suerte, talento, nueva tecnología, e inversión.
(D) De nueva tecnología, alianzas, e inversión.

Selección número 8

El diario de una secretaria

Mi nombre es Alexandra Escamilla. Nací en Roma, Italia en 1989, y me mudé a Bogotá, Colombia cuando era niña. Terminé mi colegio mientras tomaba clases de español. Nunca aprendí chino porque su alfabeto es muy difícil. En el 2006 cuando terminé mi colegio, comencé a estudiar Ingeniería Industrial por diez semestres.

Yo era una estudiante excelente, y las asignaturas que más disfrutaba eran inglés y matemáticas, ya que yo soñaba con obtener un trabajo en una compañía internacional de comunicación.

Yo tuve suerte porque cuando terminé mis estudios, una empresa de Sídney, Australia me contacto para firmar un contrato con una sucursal ubicada en la ciudad donde yo vivía, y ésta se llamaba «trabajo para todos».

NARRADOR: *Ahora contesta las preguntas 40, 41 y 42.*

40. ¿Qué idiomas aprendió Alexandra?

(A) Español.
(B) Italiano, chino, e inglés.
(C) Español, chino, e inglés.
(D) Inglés y español.

41. ¿De qué país es Alexandra?

(A) De Colombia.
(B) De Italia.
(C) De Australia.
(D) De Canadá.

42. ¿En qué año comenzó a trabajar Alexandra?

(A) En 2006.
(B) En 1989.
(C) En 2011.
(D) En 2015.

Selección número 9

Instrucciones para atender a los clientes

Una secretaria es una empleada de cambio y hace parte esencial del personal de una organización quien tiene responsabilidades diferentes. Debido a que una secretaria tiene que estar preparada para desempeñar muchas habilidades y competencias, tiene que saber cómo atender a cualquier cliente con talento, actitud, y entusiasmo para responder satisfactoriamente a las peticiones de los clientes y de la compañía. Cuando una secretaria va a atender un cliente, primero debe darle la bienvenida, segundo recibirlo, y tercero atenderlo. Todos estos aspectos se deben aplicar de la manera más cordial para hacer sentir cómodo al cliente. Además, atender una llamada de una persona extranjera que hable inglés podría ser más fácil si la secretaria estaría calmada, y le solicitaría al cliente que hablara más despacio y que deletreará su nombre para preguntarle que requiere, etcétera.

NARRADOR: *Ahora contesta las preguntas 43, 44 y 45*

43. ¿Cómo debería atender una secretaria al cliente?
- (A) Con amabilidad y cortesía.
- (B) Con talento, actitud, y entusiasmo.
- (C) Con actitud y responsabilidad.
- (D) Todas las anteriores.

44. ¿Cuáles son los pasos a seguir para atender al cliente?
- (A) Saludarlo, recibirlo, y atenderlo.
- (B) Darle la bienvenida, y atenderlo.
- (C) Recibirlo y atenderlo.
- (D) Recibirlo, darle la bienvenida, y atenderlo.

45. ¿Qué aspectos son importantes para atender un cliente extranjero que hable inglés?
- (A) Hablar inglés muy bien.
- (B) Pedir ayuda del traductor de la compañía.
- (C) Mantener la calma, solicitarle al cliente que hable más despacio, y que deletree su nombre.
- (D) Preguntarle al cliente si habla español.

Selección número 10

La importancia del diccionario

El diccionario llega a ser muy útil para los estudiantes de la universidad porque proporciona todos los significados y palabras necesarias tanto en inglés como en español en el campo académico y técnico de cada programa de estudio. Y cuando un estudiante se gradúa y debe enfrentar el mundo laboral donde debe desempeñarse en la realidad de una organización, debe estar familiarizado con el lenguaje formal e informal para utilizarlo en el contexto laboral. Teniendo en cuenta que cada empleado es la representación de una compañía, este debe mostrar una buena imagen a las personas a través del lenguaje. Debido a la necesidad de obtener un apropiado uso de las palabras, cada estudiante debe tener un diccionario de inglés-español y vice-versa; y dos diccionarios monolingües—uno en inglés y el otro en español.

NARRADOR: *Ahora contesta las preguntas de la 46, 47 y 48.*

46. ¿Por qué es importante el uso del diccionario?:

(A) Porque pueden buscar las palabras técnicas.
(B) Porque la transcripción fonética ayuda a la pronunciación de las palabras.
(C) Porque ayuda al entendimiento de los conceptos necesario de acuerdo al contexto.
(D) Porque ayuda a consultar la ortografía al momento de redactar.

47. ¿Cómo se genera la buena imagen de una compañía por medio de sus empleados?

(A) A través del uso apropiado del lenguaje.
(B) Por el uso de la palabras correctas en inglés y español.
(C) A través de la buena redacción.
(D) Por el uso apropiado de las palabras técnicas.

48. ¿Cuáles son los diccionarios recomendados para los hablantes de inglés o español?

(A) Dos diccionarios monolingües.
(B) Un diccionario bilingüe y uno monolingüe.
(C) Un diccionario bilingüe de inglés y otro de español.
(D) Un diccionario bilingüe y dos monolingües.

Sample Test Two

Reading Part A: Discreet Sentences

Directions: The following statements are incomplete, followed by four suggested completions. Select the one that best completes the sentence.

49. Los cocodrilos tienen el cerebro ____ tamaño de una nuez.

(A) de
(B) del
(C) de la
(D) de el

50. María ____ su hermana son gemelas.

(A) con
(B) o
(C) y
(D) tiene

51. Se dice que el desamor mata ____ hiere a quien lo padece.

(A) e
(B) y
(C) u
(D) para

52. ¿ ____ irán a mi fiesta?

(A) Quiénes
(B) Quienes
(C) quien
(D) quienes

53. Hernán estaba ____ en su casa.

(A) solo
(B) sólo
(C) sola
(D) solos

54. Desde que a mi mamá le detectaron diabetes y está en régimen alimenticio, no bebe soda y yo ____ .

(A) tampoco.
(B) también.
(C) ni.
(D) nunca.

55. El juez dictaminó Orden de Aprehensión a quien tuviera en cautiverio a los ____ .

(A) osos pandas.
(B) oso panda.
(C) osos panda.
(D) oso pandas.

56. La capa de ozono se está dañando a gran rapidez y el cambio climático es inminente. Debemos dejar de producir gases nocivos para el planeta ____ .

(A) Tierra.
(B) Plutón.
(C) Júpiter.
(D) Venus.

57. Frida Kahlo era de origen

(A) cubana.
(B) mexicana.
(C) húngaro.
(D) húngara.

58. ¡ ____ muy contenta!

(A) Estamos.

(B) Estoy.

(C) Están.

(D) Esto.

59. Mariana ____ yendo a clases de pintura.

(A) ha estado.

(B) han estado.

(C) hubo estado.

(D) hubieron.

60. La poesía es ____ .

(A) una arte.

(B) une arte.

(C) uno arte.

(D) un arte.

61. El ____ corta el pelo.

(A) estilista

(B) jardinero

(C) carpintero

(D) cocinero

62. Yo ya ____ *El Ingenioso Hidalgo Don Quijote de La Mancha*.

(A) leo

(B) leí

(C) ley

(D) lei

63. Difícilmente un escritor se hace millonario de su pluma, ____ algunos cuantos lo han logrado, entre ellos J. K. Rowling y George R. R. Martin.

(A) todavía

(B) sin embargo

(C) para

(D) de ahí que

64. Ustedes siempre ____ las mejores calificaciones.

(A) tenemos

(B) tengan

(C) tienen

(D) tiene

65. Yo ____ había visto el mar; esta es la primera vez que lo veo.

(A) nunca

(B) siempre

(C) a veces

(D) casi nunca

66. Yo ____ temo a la oscuridad.

(A) les

(B) la

(C) le

(D) el

67. Elena siempre ____ la mesa antes de cenar.

(A) quiere

(B) ensucia

(C) tiene que poner

(D) lava

Sample Test Two

Reading Part B: Short Cloze Passages

Directions: In each of the following paragraphs, there are blanks indicating that words or phrases have been omitted. For each blank, choose the completion that is most appropriate, given the context of the entire paragraph.

I. Los Acereros de Pittsburgh __68__ el equipo con mayor número de títulos en la liga de fútbol NFL, __69__ 6 veces el Supertazón. Su data de __70__ de 1933 __71__ el señor Art Rooney.

68. (A) es
(B) fueron
(C) serán
(D) son

69. (A) Ganar
(B) Ganado
(C) Ganando
(D) Ganarían

70. (A) fundación
(B) fundición
(C) fundada
(D) fuente

71. (A) debido a
(B) por
(C) para
(D) a causa de

II. Sevilla es una ciudad de España. Se localiza cerca del mar, en donde irrumpen las __72__ fuertemente. Carlos __73__ la ciudad el año pasado. Él es amante de la tauromaquia __74__ siempre exclama, «¡ __75__ !»

72. (A) hola
(B) ola
(C) olas
(D) olé

73. (A) ha visitado
(B) visitó
(C) visita
(D) visitaría

74. (A) y
(B) e
(C) o
(D) por

75. (A) hola
(B) ole
(C) olé
(D) ola

III. Carlota de Habsburgo fue la __76__ emperatriz mexicana. Coronándose como tal en la __77__ de 1860. Su __78__ imperial sería lo que hoy se conoce como El Castillo de Chapultepec. Sus últimos años de __79__ los pasó en Bélgica donde se convertiría en la mujer más rica del mundo.

76. (A) tan solo
(B) única
(C) único
(D) solamente

77. (A) tiempo
(B) centenario
(C) año
(D) década

78. (A) morada
(B) azul
(C) domicilio
(D) hogar

79. (A) Infancia
(B) Crecimiento
(C) Vida
(D) Juventud

Sample Test Two

IV. Ricardo es __80__ mejor amigo. A él le gusta beber __81__ de naranja cada mañana. Ayer me invitó a su casa después de que __82__ baloncesto. Él y yo __83__ fanáticos del jugador de baloncesto, Kobe Bryant.

80. (A) su
(B) el
(C) mi
(D) mí

81. (A) jugó
(B) jugo
(C) hugo
(D) gujo

82. (A) jugo
(B) jugó
(C) hugo
(D) hubo

83. (A) somos
(B) son
(C) soy
(D) es

V. El señor Hernández __84__ prisa por llegar a su trabajo. Durante la última semana, __85__ tarde continuamente. La razón es que su alarma no ha estado __86__ . El señor Martínez __87__ un despertador nuevo mañana.

84. (A) padecía
(B) perece
(C) padece
(D) tiene

85. (A) ha llegado
(B) ha estado llegando
(C) llegó
(D) llegaba

86. (A) sonando
(B) sonado
(C) soñado
(D) soñando

87. (A) ha comprado
(B) compraría
(C) comprará
(D) a comprado

VI. Ayer __88__ preparando chocolate caliente cuando de repente llegó mi hermano y me asustó, haciéndome gritar ¡Ay Dios mío! Y por eso __89__ todo el chocolate. Siempre __90__ mi bebida preferida desde que tenía siete años. Su sabor __91__ me encanta.

88. (A) estaba
(B) estaban
(C) estaban
(D) estuviera

89. (A) me comí
(B) derramé
(C) hice
(D) preparé

90. (A) había sido
(B) será
(C) ha sido
(D) era

91. (A) amargo
(B) dulce
(C) agrio
(D) salado

Sample Test Two

Reading Part C: Reading Passages & Authentic Stimulus Material

Directions: Read each of the passages below. Each passage is followed by questions or incomplete statements. Choose the best answer according to the text and mark in the corresponding answer.

92. ¿Qué objetos se observan en la imagen?
- (A) Chocolates.
- (B) Mesas.
- (C) Lámparas.
- (D) Vestidos.

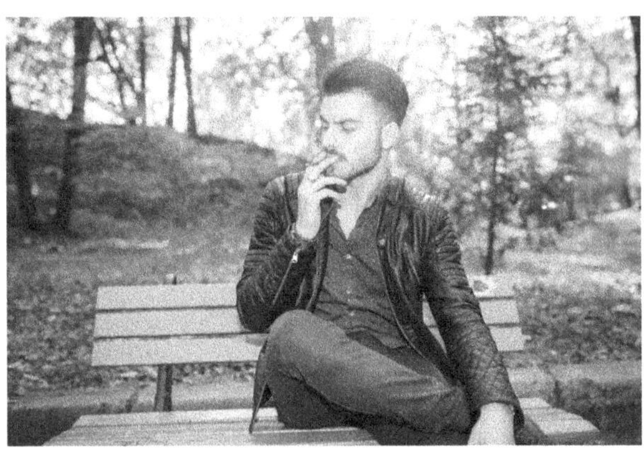

93. ¿Qué acción realiza el sujeto?
- (A) Bailando.
- (B) Fumando.
- (C) Leyendo.
- (D) Escribiendo.

94. ¿Qué colores se observan en la imagen?
- (A) Amarillo, negro, blanco, y café
- (B) Rosa, amarillo, negro, y blanco.
- (C) Amarillo, naranja, azul, y violeta.
- (D) Rosa, naranja, azul, y violeta.

KUKULKÁN
¿TRES EN UNO?
Después del reciente hallazgo de un cenote debajo el mítico templo de kukulkán en Chichén Itzá, se planea generar una nueva tomografía eléctrica tridimensional para explorar los secretos de su estructura, que podría alojar una tercera pirámide en su interior.
ENTRAR

95. ¿Qué edificio se muestra en la imagen?

(A) Un hospital.
(B) Una escuela.
(C) Una pirámide.
(D) Una iglesia.

96. ¿Qué se muestra en la imagen?

(A) Una noticia.
(B) El clima.
(C) Un programa basado en realidad.
(D) Una catástrofe.

Las formas de estratificación social son sistemas cerrados y abiertos. En un sistema cerrado, la posición de una persona en la jerarquía social es adjudicada, las personas son asignadas a un estatus social más o menos arbitrario y permanente con base en características sobre las cuales no tienen control como género, edad, raza, etcétera.

97. ¿Cuántas formas de estratificación social existen?

(A) 1.
(B) 2.
(C) 3.
(D) 0.

Philipe Ariés piensa que en la actualidad la sociedad ha llegado a ser unisex. Los papeles son intercambiables, escribe, los del padre con la madre, también los de los miembros de parejas sexuales. La silueta de la mujer se asemeja cada vez más a la del hombre, se han perdido las pronunciadas caderas y la acentuada cintura de antes.

98. ¿Cómo es la silueta femenina hoy en día?

(A) Menos pronunciada que antes.
(B) Igual a la masculina.
(C) Con caderas pronunciadas.
(D) Es intercambiable.

Los aztecas tenían varios dioses que, según sus creencias, intervenían en los asuntos humanos y en algunas ocasiones hasta los dirigían. Eran dioses celestiales y a ellos estaban consagrados sus templos, siendo su dios principal Huitzilopochtli.

99. ¿Cuál es el tema principal del texto?

(A) Los aztecas.
(B) La religión.
(C) Los cuerpos celestes.
(D) Huitzilopochtli.

Si la persona logra encontrar sentido al sufrir, hallará alegría en medio del dolor. El hombre conoce bien los sufrimientos del mundo animal; sin embargo, lo que expresamos con la palabra, «sufrimiento», parece ser particularmente esencial a la naturaleza humana.

100. ¿Cuál podría ser el título del texto?

(A) El dolor de los humanos.
(B) El sentido del sufrimiento.
(C) La alegría en medio del dolor.
(D) Los sufrimientos del mundo animal.

De hallarse desocupado para el día 15 del actual, Claudio Bombarnac se encontrará en el puerto Usun Ada, litoral E. del Caspio. Allí tomará un tren directo a Gran Trasatlántico entre la frontera de Europa y la Capital Celeste Imperio. Deberá transmitir impresiones, redactar crónicas, celebrar entrevistas con personajes distinguidos en su camino, y señalar los menores incidentes por correo o telegrama, según sea necesario. El Siglo XX cuenta con el celo e inteligente actividad de su corresponsal a quien abre crédito ilimitado.

~ Julio Verne, Claudio Bombarnac.

101. ¿Cuál es el oficio del protagonista?

(A) Reportero.
(B) Escritor.
(C) Aventurero.
(D) Chofer de trenes.

La cuenca del Pacífico

La cuenca del Pacífico cuenta con los más vastos recursos naturales del mundo, tanto marinos como terrestres, al punto de ser considerada, aún en nuestros días de febril industrialización, casi inagotable. Posee enormes cantidades de peces, mamíferos, crustáceos, moluscos y especies inferiores. El noroeste de la cuenca es notable por el salmón en los ríos Skeena, Fraser, y Columbia; en los mares de Japón y Okhotsk abundan el arenque, el bacalao, el atún, el bonito, el cangrejo, la langosta, y el camarón; y las aguas cercanas a Suramérica son también muy ricas en fauna marina. Por otra parte, los recursos minerales de la cuenca son de tal magnitud que se consideran prácticamente inagotables. Abunda la sal, el magnesio, el bromuro y en el subsuelo de las placas continentales se encuentra petróleo, gas natural y nódulos minerales en gran cantidad.

~ Torres, E., Moreno, R. et al., La cuenca del Pacífico, 1989.

102. ¿Por qué es notable la cuenca en el noroeste?

(A) Por su pescado.
(B) Por el salmón.
(C) Por los mares.
(D) Por el atún.

103. ¿Por qué se considera inagotable?

(A) Porque no se cansa.
(B) Por sus extensos mares.
(C) Por sus vastos recursos marinos y minerales.
(D) Por su extensión que cubre desde Asia hasta Suramérica.

El término «estratificación social» es la división de una sociedad en capas o estratos cuyos ocupantes tienen accesos desiguales a oportunidades y recompensas sociales. La gente en los estratos superiores goza de privilegios que no están disponibles para otros miembros de la sociedad. La gente en los estratos del fondo enfrenta obstáculos a los que escapan los primeros. Kerbo afirma que en una sociedad estratificada la desigualdad social está institucionalizada; es decir, es parte de la estructura social y se pasa de una generación a la siguiente. Ciertos individuos y grupos ejercen más influencia, imponen mayor respeto, y tienen más grande acceso a los bienes y servicios que los demás. Hasta cierto punto, la gente acepta la desigualdad porque «así son las cosas . . .»

~ Gelles y Levine p.265

104. ¿Qué es la estratificación social?

(A) Los diferentes miembros que componen una sociedad.
(B) Es lo que en urbanismo se define como «gentrificación».
(C) Son los individuos que ejercen influencia.
(D) Es la división de la sociedad en diferentes niveles.

105. ¿Cómo se puede definir aquella afirmación hecha por Kerbo Harold, en la que se establece que «en una sociedad estratificada la desigualdad social está institucionalizada»?

(A) Se puede definir como el «statu quo».
(B) Como una institución.
(C) Como un reglamento de leyes.
(D) Como una sociedad capitalista.

106. ¿Por qué la gente acepta la desigualdad?

(A) Porque les conviene.
(B) Porque es más fácil.
(C) Porque así es.
(D) Porque es menos costoso.

En mi segundo viaje a África Occidental conocí a bordo del barco a un hombre que se dirigía hacia aquellas tierras para trabajar en una plantación de plátanos. Me confesó que sólo tenía miedo a las serpientes.

Yo le dije que generalmente las serpientes estaban muy preocupadas por quitarse de en medio, y que era improbable que viera muchas. Esta información pareció animarle, y prometió que me avisaría si conseguía ver algún ejemplar mientras yo estuviera por el norte del país. Le di las gracias y olvidé todo al respecto. La noche anterior a mi regreso, mi joven amigo se presentó en su coche, muy excitado. Me contó que había descubierto un foso lleno de serpientes en la plantación de plátanos donde trabajaba, y me dijo que todas eran mías, ¡con tal de que fuera y las sacara! Yo acepté, sin preguntarle cómo era aquel foso, y partimos en su coche hacia la plantación. Para mi consternación, descubrí que el foso parecía una sepultura grande, de cuatro metros de largo, uno de ancho y unos tres de hondo, aproximadamente

Mi amigo había decidido que la única forma en que podía bajar era descolgándome con una cuerda. Le expliqué apresuradamente que para cazar serpientes en un foso como aquel necesitaba una linterna. Mi amigo entonces ató una gran lámpara de parafina al extremo de una larga cuerda. Cuando llegamos al borde del foso y descolgamos la lámpara, vi que el interior estaba lleno de pequeñas víboras del Gabón, una de las serpientes más mortíferas de África Occidental, y todas ellas parecían muy irritadas y trastornadas, y alzaban sus cabezas en forma de pala y nos silbaban.

Como no había pensado que tendría que meterme en el foso con las serpientes, llevaba puestas unas ropas inadecuadas. Unos pantalones finos y un par de zapatillas de goma no ofrecen protección contra los colmillos de dos centímetros y medio de longitud de una víbora del Gabón. Expliqué esto a mi amigo y él me cedió con toda amabilidad sus pantalones y sus zapatos, que eran bastante gruesos y fuertes.

Así pues, en vista de que no podía encontrar más excusas, me até la cuerda a la cintura y empecé a descender al foso.

Poco antes de llegar al fondo, la lámpara se apagó y uno de los zapatos que me había prestado mi amigo, y que estaban demasiado grandes, se me cayó.

Así que allí estaba yo, en el fondo de un foso de tres metros de profundidad, sin luz y con un pie descalzo, rodeado de siete u ocho mortíferas y extremadamente irritadas víboras del Gabón. Nunca había estado más asustado. Tuve que esperar en la oscuridad, sin atreverme a moverme, mientras mi amigo sacaba la lámpara, la llenaba, la volvía a encender y la bajaba de nuevo al foso. Solo entonces pude recuperar mi zapato. Con luz abundante y ambos zapatos puestos me sentí mucho más valiente, y emprendí la tarea de atrapar las víboras. En realidad era bastante sencillo. Con un bastón ahorquillado en la mano me aproximaba a cada reptil, lo sujetaba con la horquilla y luego lo cogía por el dorso del cuello y lo metía en mi saco de serpientes. Había que tener cuidado de que, mientras estaba cogiendo una serpiente, alguna otra no se acercara serpenteando por detrás. Sin embargo, todo transcurrió sin incidentes, y media hora después había cogido ocho de las pequeñas víboras del Gabón. Pensé que ya era suficiente como para seguir adelante, así que mi amigo me sacó del foso. Después de aquella noche llegué a la conclusión de que capturar animales solo es peligroso si corres riesgos tontos.

~ GERALD DURRELL, *El nuevo Noé (Adaptación)*

107. ¿Qué necesitaba el protagonista para capturar las serpientes?

(A) Una cuerda, una linterna, y ropa gruesa.
(B) Una linterna, ropa gruesa, y un bastón ahorquillado.
(C) Una cuerda, un bastón ahorquillado, y un saco de serpientes.
(D) Ropa gruesa, un bastón ahorquillado, y un saco de serpientes.

108. ¿Qué ropa es más adecuada para bajar al foso con las serpientes?

(A) Pantalones de mezclilla y botas.
(B) Zapatos negros y pantalón de lino.
(C) Pantalones gruesos y calcetines.
(D) Pantalones de lino y botas.

109. ¿Cuándo sintió el protagonista más miedo?

(A) Al quedarse a obscuras.
(B) Cuando le dio frío.
(C) Al no tener una linterna.
(D) Al verse desprotegido.

110. ¿Dónde estaban las serpientes?

(A) En una plantación.

(B) En un foso.

(C) En el desierto.

(D) En un lugar oscuro.

111. ¿Cómo descubrió el protagonista ese lugar?

(A) Con la ayuda de un mapa.

(B) Por medio de su papá.

(C) Por medio de un amigo.

(D) Por el periódico.

Érase una vez un indio que abandonó la reserva y fue a visitar a un hombre blanco al que le unía una vieja amistad. Una ciudad grande, con todo ese ruido, esos coches, y tantas personas todas con tanta prisa, era algo nuevo y desconcertante para el indio. El piel roja y el rostro pálido paseaban por la calle cuando de repente, el indio le dio un ligero toque a su amigo en el hombro y le dijo, «¡Párate un momento! ¿Oyes lo que yo estoy oyendo?» El hombre blanco contestó, «Lo único que oigo es el claxon de los coches y el traqueteo de los autobuses. Y también las voces y el ruido de los pasos de los hombres. ¿Qué es lo que te ha llamado la atención?» «Ninguna de esas cosas. Oigo que en los alrededores hay un grillo cantando».

El hombre blanco aguzó el oído. Después sacudió la cabeza. «Te estás equivocando, amigo,» dijo. «Aquí no hay grillos. Además, aunque hubiera un grillo por aquí, en alguna parte, sería imposible oír su canto con todo este ruido de fondo.» El indio dio unos cuantos pasos. Se quedó parado ante la pared de una casa. Por esa pared crecía una vid silvestre. Corrió unas hojas hacia un lado, y ¡vaya asombro para el hombre blanco! Allí había, en efecto, un grillo, que cantaba con todas sus fuerzas. Y, cuando el hombre blanco vio el grillo, también pudo percibir el sonido que emitía.

Siguieron andando, y después de un rato dijo el hombre blanco, «Está claro que eras tú que podía oír el grillo. Tu oído está mucho mejor entrenado que el mío. Además, los indios tienen el oído más desarrollado que los blancos.» El indio sonrió, negó con la cabeza y respondió, «Te equivocas, amigo. El oído de un indio no es mejor ni peor que el de un blanco. Atiende, que te lo voy a demostrar.»

Metió la mano en el bolsillo, sacó una moneda de 50 céntimos y la dejó caer sobre la acera. La moneda tintineó al chocar con el asfalto, y las personas que se encontraban a varios metros de los dos amigos se apercibieron del sonido y miraron hacia todos los lados. Finalmente, uno la encontró, la recogió y se la guardó. Después siguió andando. «¿Ves?» dijo el indio. El tintineo de la moneda no era un sonido más fuerte que el canto del grillo, y a pesar de ello lo han oído muchas mujeres y hombres blancos y se han dado la vuelta al instante, mientras que el canto del grillo nadie lo oyó más que yo. No es cierto que el oído de los indios sea mejor que el de los blancos. Es simplemente que cada uno oye bien solo aquello a lo que está acostumbrado a atender.

~ Hetmann, F., Historia de pieles rojas.

112. ¿Cuál puede ser el título de la lectura?

(A) Los indios y los blancos.

(B) El indio y su amigo cantando.

(C) Un grillo cantando.

(D) El canto del grillo.

113. ¿Por qué dejó el indio su hogar?

(A) Porque su amigo lo motivó a dejarlo.

(B) Para conocer la ciudad.

(C) Para visitar a un amigo.

(D) Para ir en busca de empleo.

114. ¿De dónde era el indio?

(A) De una reserva.

(B) De una pequeña ciudad.

(C) De una gran ciudad.

(D) Del bosque.

115. ¿Qué era lo que el indio oía?

(A) Una moneda.

(B) Nada.

(C) Un grillo.

(D) Coches.

116. ¿Qué era lo que el hombre blanco oía?

(A) Una moneda.

(B) Nada.

(C) Un grillo.

(D) Coches.

117. **¿Por qué oyó el indio ese sonido?**
   (A) Porque los indios tienen un oído más entrenado.
   (B) Porque los indios estaban habituados a cazar.
   (C) Porque los indios estaban habituados a percibir ruidos de la naturaleza.
   (D) Ninguna de las anteriores.

118. **¿Quiénes oyeron caer una moneda?**
   (A) Los transeúntes.
   (B) Los indios.
   (C) Los hombres blancos.
   (D) Todas las anteriores.

119. **¿Cuál de las siguientes palabras forma parte de la familia de la palabra, «sonar»?**
   (A) Resonar.
   (B) Disonante.
   (C) Sonido.
   (D) Todas las anteriores.

120. **«El hombre dejó la reserva». Sustituye la palabra, «dejó» por otra que tenga el mismo significado.**
   (A) Detuvo.
   (B) Abandonó.
   (C) Aguzó.
   (D) Mantuvo.

ANSWER KEY for Sample Test Two

Question Number	Correct Answer	Your Answer
1	B	
2	A	
3	C	
4	A	
5	C	
6	D	
7	B	
8	A	
9	D	
10	D	
11	B	
12	B	
13	A	
14	A	
15	C	
16	D	
17	B	
18	C	
19	D	
20	A	
21	B	
22	B	
23	C	
24	A	
25	D	
26	A	
27	D	
28	C	
29	B	
30	D	
31	A	
32	C	
33	C	
34	D	
35	B	
36	A	
37	C	
38	A	
39	C	
40	D	

Question Number	Correct Answer	Your Answer
41	B	
42	C	
43	B	
44	A	
45	C	
46	C	
47	A	
48	D	
49	B	
50	C	
51	B	
52	A	
53	A	
54	A	
55	C	
56	A	
57	C	
58	B	
59	A	
60	D	
61	A	
62	B	
63	B	
64	C	
65	A	
66	C	
67	C	
68	B	
69	C	
70	D	
71	B	
72	C	
73	B	
74	A	
75	C	
76	B	
77	D	
78	C	
79	D	
80	C	

Question Number	Correct Answer	Your Answer
81	B	
82	B	
83	A	
84	D	
85	A	
86	A	
87	C	
88	A	
89	B	
90	C	
91	B	
92	C	
93	B	
94	D	
95	C	
96	A	
97	B	
98	A	
99	B	
100	B	
101	A	
102	B	
103	C	
104	D	
105	A	
106	C	
107	B	
108	A	
109	D	
110	B	
111	C	
112	D	
113	C	
114	A	
115	C	
116	D	
117	C	
118	D	
119	D	
120	B	

EXPLANATIONS for Sample Test Two

Listening: Dialogues and Narratives

19. ¿Cuántos televisores tiene Valeria en la casa?

(A) Tres televisores.
(B) Cinco televisores.
(C) Cuatro televisores.
(D) Dos televisores.

La respuesta correcta es la D.
La respuesta correcta es la D, porque ella tiene 3 en las habitaciones, uno en la cocina y otro en la sala.

20. ¿Cuántas horas de televisión ve Valeria durante por semana?

(A) 21.5 horas.
(B) 4.5 horas.
(C) 30 horas.
(D) 4 horas y 30 minutos.

La respuesta correcta es la A.
La respuesta correcta es la A, porque hay que multiplicar 4.5 horas por 5 días que tiene una semana.

21. A Valeria le encanta la televisión, sin embargo, ella prefiere compartir con su familia.

(A) Verdadero, porque ella pasa la mayor parte de su día con su familia.
(B) Falso, porque ella prefiere ver un programa de televisión en vez de compartir con su familia.
(C) Verdadero, porque ella ve televisión con su familia.
(D) Falso, porque ella prefiere cocinar para su familia.

La respuesta correcta es la B.
La respuesta correcta es la B, porque ella prefiere ver televisión que salir con su familia.

22. ¿Con quién habla Antonio?

(A) Con Alejandra.
(B) Con Eva.
(C) Con Alejandra y Eva.
(D) Con su jefe.

La respuesta correcta es la B.
La respuesta correcta es la B, porque Eva es la que contesta el teléfono.

23. ¿A dónde se encuentra Alejandra?

(A) En la oficina.
(B) En la casa.
(C) En una junta.
(D) En la Universidad.

La respuesta correcta es la C.
La respuesta correcta es la C, ya que Junta es un sinónimo de reunión.

24. ¿Cuándo va a llamar Antonio nuevamente?

(A) Se desconoce cuándo.
(B) En una hora.
(C) En una hora y media.
(D) El siguiente día.

La respuesta correcta es la A.
La respuesta correcta es la A, porque Antonio debe salir inmediatamente y no sabe cuándo la llamará nuevamente.

25. ¿Quién viene de visita?

(A) Marcelo.
(B) Valentina.
(C) El primo de Marcelo.
(D) El hermano de Valentina.

La respuesta correcta es la D.
La respuesta correcta es la D, porque la persona que viene de vacaciones es el hermano de Valentina.

26. ¿Qué lugares van a visitar ellos?

(A) La Galería Nacional, el Museo Británico y la Torre de Londres.
(B) La Galería Nacional, el Museo Británico y la Torre de Londres y las montañas azules.
(C) El Museo Británico, la Torre de Londres, y las montañas.
(D) El tren de Londres, La Galería Nacional y el Museo Británico.

La respuesta correcta es la A.
La respuesta correcta es la A, porque ellos solo visitarán La Galería Nacional, el Museo Británico y la Torre de Londres.

27. ¿A cuál escuela de conducción va Marcelo?

(A) A Licencia de conducción.
(B) A la Escuela de Londres.
(C) Él no va a ninguna escuela, pero su hermano le enseña.
(D) Él va a la escuela donde enseña su novia.

La respuesta correcta es la D.
La respuesta correcta es la D, porque su novia es instructora de conducción, por consiguiente, él va a esa escuela.

28. ¿Están hambrientos Miguel y Lucía hoy?

(A) Únicamente Miguel está hambriento.
(B) Ambos están hambrientos.
(C) Únicamente Lucía está hambrienta.
(D) Miguel está hambriento pero Lucía no.

La respuesta correcta es la C.
La respuesta correcta es la C, porque Lucía está hambrienta, pero Miguel no.

29. ¿A quién le hace daño lo picante?

(A) A ambas personas.
(B) A Miguel.
(C) A Lucía.
(D) A ninguno de los dos.

La respuesta correcta es la B.
La respuesta correcta es la B, porque a Miguel le hace daño el chile.

30. ¿Qué platos de comida ordenan?

(A) Lucía ordena un ceviche y Miguel pasta con queso, carne molida, y tomate.
(B) Las dos personas ordenan ceviche.
(C) Las dos personas ordenan pasta con queso, carne molida, y tomate.
(D) Lucía ordena el plato de comida mexicana y Miguel el pollo en salsa teriyaki con guacamole.

La respuesta correcta es la D.
La respuesta correcta es la D, porque Lucía ordena el primer plato que vio en la carta de comida mexicana y miguel el pollo en salsa teriyaki, sin chile.

31. ¿En qué país viven ambas personas?

(A) Uruguay.
(B) Paraguay.
(C) Colombia.
(D) Estados Unidos.

La respuesta correcta es la A.
La respuesta correcta es la A, porque ambos viven en Uruguay.

32. ¿En qué campo trabajaban los padres de César?

(A) En el campo de la Biología y la Medicina.
(B) En el campo de la Abogacía y Educación.
(C) En el campo de la ley y el estudio de los seres vivos.
(D) En el campo de la Química y la Ingeniería.

La respuesta correcta es la C.
La respuesta correcta es la C, porque su madre era Juez y su padre Biólogo.

33. **¿Cuál es la nacionalidad de César y Alicia?**
(A) Uruguaya.
(B) Paraguaya.
(C) Colombiana.
(D) Estadounidense.

La respuesta correcta es la C.
La respuesta correcta es la C, porque ambos nacieron en Colombia.

34. **¿Por cuáles ciudades se lleva a cabo la carrera?**
(A) Quindío, Risaralda y Caldas.
(B) Bogotá, Armenia y Manizales.
(C) Armenia, Cali y Manizales.
(D) Armenia, Pereira y Manizales.

La respuesta correcta es la D.
La respuesta correcta es la D, porque el recorrido se hace a través de las ciudades Armenia, Pereira y Manizales.

35. **¿Por qué es difícil la carrera para los ciclistas?**
(A) Por el tráfico.
(B) Por las lomas.
(C) Por el clima actual.
(D) Por la falta de hidratación.

La respuesta correcta es la B.
La respuesta correcta es la B, porque la carrera en las montañas genera desgaste físico.

36. **¿Cómo ha estado el clima durante la carrera?**
(A) Nublado.
(B) Lluvioso.
(C) Soleado y seco.
(D) Húmedo.

La respuesta correcta es la A.
La respuesta correcta es la A, porque el clima nublado ha ocultado los rayos del sol

37. **¿A qué países exporta la empresa los bienes?**
(A) Argentina, Chile, Colombia, Perú, Uruguay, y Paraguay.
(B) Rusia, Alemania, Italia, Colombia, y Perú.
(C) Italia, Noruega, Suecia, Dinamarca, Alemania, y Rusia.
(D) Japón y China.

La respuesta correcta es la C.
La respuesta correcta es la C, porque SuperTv exporta bienes a Italia, Noruega, Suecia, Dinamarca, Alemania, Rusia.

38. **¿Cuál será el salario mínimo si se aprueba el proyecto nuevo?**
(A) 2585.
(B) 235.
(C) 10 por ciento.
(D) 2350.

La respuesta correcta es la A.
La respuesta correcta es la A, ya que incrementando el 10% al salario actual da como resultado 2585 dólares.

39. **¿De qué depende el éxito del proyecto nuevo?**
(A) De talento, suerte, e inversión.
(B) De inversión, alianzas, y patrocinios.
(C) De suerte, talento, nueva tecnología, e inversión.
(D) De nueva tecnología, alianzas, e inversión.

La respuesta correcta es la C.
La respuesta correcta es la C, porque la combinación para el éxito del proyecto depende de la suerte, talento, nuevas tecnologías e inversión.

40. **¿Qué idiomas aprendió Alexandra?**
(A) Español.
(B) Italiano, chino, e inglés.
(C) Español, chino, e inglés.
(D) Inglés y español.

La respuesta correcta es la D.
La respuesta correcta es la D, porque Alexandra tomó clases de español y disfrutaba la clase de inglés.

41. **¿De qué país es Alexandra?**
(A) De Colombia.
(B) De Italia.
(C) De Australia.
(D) De Canadá.

La respuesta correcta es la B.
La respuesta correcta es la B, porque Alexandra nació en Roma, Italia.

42. **¿En qué año comenzó a trabajar Alexandra?**
(A) En 2006.
(B) En 1989.
(C) En 2011.
(D) En 2015.

La respuesta correcta es la C.
La respuesta correcta es la C, porque ella consiguió su trabajo cuando termino su carrera en el 2011.

43. **¿Cómo debería atender una secretaria al cliente?**
(A) Con amabilidad y cortesía.
(B) Con talento, actitud, y entusiasmo.
(C) Con actitud y responsabilidad.
(D) Todas las anteriores.

La respuesta correcta es la B.
La respuesta correcta es la B, porque las competencias básicas para atender un cliente son: talento, actitud y entusiasmo.

44. **¿Cuáles son los pasos a seguir para atender al cliente?**
(A) Saludarlo, recibirlo, y atenderlo.
(B) Darle la bienvenida, y atenderlo.
(C) Recibirlo y atenderlo.
(D) Recibirlo, darle la bienvenida, y atenderlo.

La respuesta correcta es la A.
La respuesta correcta es la A, porque el orden de los pasos para atender al cliente son: Dar la bienvenida, recibir y atender.

45. **¿Qué aspectos son importantes para atender un cliente extranjero que hable inglés?**
(A) Hablar inglés muy bien.
(B) Pedir ayuda del traductor de la compañía.
(C) Mantener la calma, solicitarle al cliente que hable más despacio, y que deletree su nombre.
(D) Preguntarle al cliente si habla español.

La respuesta correcta es la C.
La respuesta correcta es la C, porque los pasos recomendados para atender un cliente extranjero que hable son: estar calmado, solicitar al cliente que hable más despacio y deletree su nombre.

46. **¿Por qué es importante el uso del diccionario?:**
(A) Porque pueden buscar las palabras técnicas.
(B) Porque la transcripción fonética ayuda a la pronunciación de las palabras.
(C) Porque ayuda al entendimiento de los conceptos necesario de acuerdo al contexto.
(D) Porque ayuda a consultar la ortografía al momento de redactar.

La respuesta correcta es la C.
La respuesta correcta es la C, porque el diccionario ayuda a estudiantes como a profesionales a tener un mejor entendimiento de los conceptos.

47. ¿Cómo se genera la buena imagen de una compañía por medio de sus empleados?
(A) A través del uso apropiado del lenguaje.
(B) Por el uso de la palabras correctas en inglés y español.
(C) A través de la buena redacción.
(D) Por el uso apropiado de las palabras técnicas.

La respuesta correcta es la A.
La respuesta correcta es la A, porque el uso apropiado del lenguaje abarca la utilización correcta de todas las maneras de comunicarse con un amplio vocabulario tanto de manera hablada como escrita.

48. ¿Cuáles son los diccionarios recomendados para los hablantes de inglés o español?
(A) Dos diccionarios monolingües.
(B) Un diccionario bilingüe y uno monolingüe.
(C) Un diccionario bilingüe de inglés y otro de español.
(D) Un diccionario bilingüe y dos monolingües.

La respuesta correcta es la D.
La respuesta correcta es la D, porque en la narración se recomienda un diccionario bilingüe de inglés-español y viceversa y dos monolingües.

Reading Part A: Discreet Sentences

49. Los cocodrilos tienen el cerebro ____ tamaño de una nuez.
(A) de
(B) del
(C) de la
(D) de el

La respuesta correcta es B.
«del» es la contracción de la preposición «de» y el artículo «el», indicando pertenencia. Si se escribiese «de el» sería incorrecto ya que se está hablando de la cualidad del sustantivo. En este caso, dicha cualidad es «el tamaño». Ahora bien, escribir «de El» es correcto cuando el artículo es parte del sustantivo como en el ejemplo: «yo tengo una amiga que es de El Cairo»

50. María ____ su hermana son gemelas.
(A) con
(B) o
(C) y
(D) tiene

La respuesta correcta es C.
Al ser la única de las opciones en presentar una conjunción copulativa,
es decir, que une ambos sujetos.

51. Se dice que el desamor mata ____ hiere a quien lo padece.
(A) e
(B) y
(C) u
(D) para

La respuesta correcta es B.
La conjunción «e» se utiliza cuando la siguiente palabra comienza por «i» o «hi». Sin embargo, no debe usarse ante el diptongo «hie».

Sample Test Two

52. **¿ ____ irán a mi fiesta?**
(A) Quiénes
(B) Quienes
(C) Quien
(D) Quienes

La respuesta correcta es A.
La palabra «quiénes» es tónica y se escribe con tilde diacrítica cuando tiene sentido interrogativo o exclamativo. «Quienes» se escribe sin tilde cuando funciona como pronombre relativo.

53. **Hernán estaba ____ en su casa.**
(A) solo
(B) sólo
(C) sola
(D) solos

La respuesta correcta es A.
La palabra «solo» se acentúa cuando cumple la función de adverbio. En este caso, es un adjetivo derivado del sustantivo «soledad».

TIP: Si la palabra es intercambiable por «solamente» y tiene lógica en la oración, entonces significa que es un adverbio y que debe escribirse sin tilde/acento.

54. **Desde que a mi mamá le detectaron diabetes y está en régimen alimenticio, no bebe soda y yo ____ .**
(A) tampoco.
(B) también.
(C) ni.
(D) nunca.

La respuesta correcta es A.
El contexto de la primera parte de la oración y el adverbio «no» antepuesto al verbo «bebe» sugieren un caso de doble negación. En donde una negación se coloca tras otra negación, reforzando la intención de la misma. A partir de ello, se puede descartar la opción B, la cual es afirmativa. Analizando las opciones A, C y D, se observa que la opción C es una conjunción y la opción D es de intención definitiva. Lo cual muestra que la opción A es la mejor respuesta posible al concordar con el contexto y sentido de la oración.

55. **El juez dictaminó Orden de Aprehensión a quien tuviera en cautiverio a los ____ .**
(A) osos pandas.
(B) oso panda.
(C) osos panda.
(D) oso pandas.

La respuesta correcta es C.
El artículo «los» determina el género y número del sustantivo por lo que se deduce que «osos» es el sustantivo correcto. Eliminando las opciones B y D. Al observar la especie «panda» nos damos cuenta de que es un colectivo que define a un grupo de animales de ciertas características, que deberá ser escrito en singular. Por ende, se deduce que la respuesta correcta es la opción C.

56. **La capa de ozono se está dañando a gran rapidez y el cambio climático es inminente. Debemos dejar de producir gases nocivos para el planeta ____ .**
(A) Tierra.
(B) Plutón.
(C) Júpiter.
(D) Venus.

La respuesta correcta es A.
La opción A es el adjetivo/locución latina con la definición que mejor completa la oración. «Ipso facto., Por el hecho mismo, inmediatamente en el acto».

57. **Frida Kahlo era de origen**
(A) cubana.
(B) mexicana.
(C) húngaro.
(D) húngara.

La respuesta correcta es C.
Frida Kahlo era húngara, de origen húngaro. El género del gentilicio está definido por el sustantivo que le antecede.

58. ¡____ muy contenta!
(A) Estamos.
(B) Estoy.
(C) Están.
(D) Esto.

La respuesta correcta es B.
La opción B es la que tiene lógica en la oración, comparada a las demás. El sujeto es tácito, en primera persona del singular.

59. Mariana ____ yendo a clases de pintura.
(A) ha estado.
(B) han estado.
(C) hubo estado.
(D) hubieron.

La respuesta correcta es A.
El sujeto «Mariana» indica que se trata de la tercera persona del singular y el verbo «yendo» indica que es una acción continua, por lo que al revisar las opciones. La opción A es la mejor respuesta posible.

60. La poesía es ____ .
(A) una arte.
(B) une arte.
(C) uno arte.
(D) un arte.

La respuesta correcta es D.
La cualidad gramatical de género del sustantivo «arte» radica en que, en singular es masculino y en plural femenino. Siendo así que las posibles respuestas correctas sean las opciones C y D. Por cuestiones de fonética, la opción C se descarta, quedando así la opción D como la correcta.

61. El ____ corta el pelo.
(A) estilista
(B) jardinero
(C) carpintero
(D) cocinero

La respuesta correcta es A.
La opción A es la mejor respuesta debido a que completa la oración correctamente. Las profesiones/oficios de jardinero, carpintero y cocinero no concuerdan con la acción de «cortar el cabello», por lo que son descartadas. La definición de «estilista» concuerda complementando la oración.

62. Yo ya ____ El Ingenioso Hidalgo Don Quijote de La Mancha.
(A) leo
(B) leí
(C) ley
(D) lei

La respuesta correcta es B.
El adverbio «ya» indica que la acción ha concluido por lo que sugiere que la acción del verbo se encuentre en pasado/pretérito. Por ende, la opción B es la correcta, ya que al ser diptongo, llega tilde/acento.

63. Difícilmente un escritor se hace millonario de su pluma, ____ algunos cuantos lo han logrado, entre ellos J. K. Rowling y George R. R. Martin.
(A) todavía
(B) sin embargo
(C) para
(D) de ahí que

La respuesta correcta es B.
La conjunción «sin embargo» se utiliza para indicar contraste en la oración. En este caso se indica un aspecto negativo, señalando las excepciones después de la palabra «sin embargo». Por lo que la opción B se presenta como la mejor respuesta.

64. Ustedes siempre ____ las mejores calificaciones.

(A) tenemos
(B) tengan
(C) tienen
(D) tiene

La respuesta correcta es C.
La conjugación correcta del verbo «tener» para el pronombre «ustedes» es tienen.

65. Yo ____ había visto el mar; esta es la primera vez que lo veo.

(A) nunca
(B) siempre
(C) a veces
(D) casi nunca

La respuesta correcta es A.
La palabra «esta es la primera vez» indica que nunca antes había sucedido. Por lo que la opción A es la mejor opción correcta posible. Siendo un adverbio de negación.

66. Yo ____ temo a la oscuridad

(A) les
(B) la
(C) le
(D) el

La respuesta correcta es C.
Es un objeto in «temo», llevando la concordancia de número y género.

67. Elena siempre ____ la mesa antes de cenar.

(A) quiere
(B) ensucia
(C) tiene que poner
(D) lava

La respuesta correcta es C.
Al leer la oración y analizar las opciones, la opción C se presenta como la más lógica para completar el enunciado. Siendo una forma infinitiva que indica un deber.

Reading Part B: Short Cloze Passages

I. **Los Acereros de Pittsburgh __68__ el equipo con mayor número de títulos en la liga de fútbol NFL, __69__ 6 veces el Supertazón. Su data de __70__ de 1933 __71__ el señor Art Rooney.**

68. (A) es	**69.** (A) Ganar	**70.** (A) fundación	**71.** (A) debido a
(B) fueron	(B) Ganado	(B) fundición	(B) por
(C) serán	(C) Ganando	(C) fundada	(C) para
(D) son	(D) Ganarían	(D) fuente	(D) a causa de

68. La respuesta correcta es la B.
La oración necesita un verbo plural en el pasado para hacer par con el sustantivo cual es plural, para completar la cláusula. La respuesta A provee un verbo en el presente singular y no es correcta. La respuesta C provee un verbo en el futuro y no es correcta. La respuesta D provee un verbo plural en el presente y no es correcta. La respuesta B es la única que provee un verbo plural en el pasado, por eso es la respuesta correcta.

69. La respuesta correcta es la C.
Según el tema de la oración, se necesita un verbo continuo, un gerundio, para completar la cláusula y preservar el tema del texto en total. La respuesta A provee un verbo en el presente y no es correcta. La respuesta B provee un sustantivo y no es correcta. La respuesta D provee un verbo indicativo condicional, y no es correcta. La respuesta C es la única respuesta que provee un gerundio, un verbo continuo, y por esa razón es la respuesta correcta.

70. La respuesta correcta es la D.
Se necesita un sustantivo que apoye el tema para completar la oración. Las respuestas A y B proveen un sustantivo pero ninguno apoya el tema de la oración y no son correctas. La respuesta C provee un adjetivo y no es correcta. La respuesta D es la única que provee un sustantivo que apoya el tema de la oración, y por eso es la respuesta correcta.

71. La respuesta correcta es la B.
La oración necesita una preposición para completar la oración. Aunque todas las respuestas proveen una forma de preposición, la más apropiada que apoya el tema del texto es la B.

II. Sevilla es una ciudad de España. Se localiza cerca del mar, en donde irrumpen las __72__ fuertemente. Carlos __73__ la ciudad el año pasado. Él es amante de la tauromaquia __74__ siempre exclama, «¡ __75__ !»

72. (A) hola
(B) ola
(C) olas
(D) olé

73. (A) ha visitado
(B) visitó
(C) visita
(D) visitaría

74. (A) y
(B) e
(C) o
(D) por

75. (A) hola
(B) ole
(C) olé
(D) ola

72. La respuesta correcta es la C.
El artículo femenino plural necesita un sustantivo femenino plural para completar la oración. Las respuestas A y D ofrecen interjecciones, y no son correctas. La respuesta B ofrece un sustantivo femenino singular y no es correcta. La respuesta C es la única respuesta que ofrece un sustantivo femenino plural, y por esa razón es la respuesta correcta.

73. La respuesta correcta es la B.
Se necesita un verbo indicativo pretérito para completar la oración. La respuesta A ofrece un verbo perfecto en el presente y no es correcta. La respuesta C ofrece un verbo en el presente y no es correcta. La respuesta D ofrece un verbo indicativo condicional y no es correcto. La respuesta B es la única que ofrece un verbo indicativo pretérito, y por esa razón es la respuesta correcta.

74. La respuesta correcta es la A.
Se necesita una conjunción para completar la oración. Ya que la palabra después de donde se debe posicionar la conjunción no empieza con «h», la respuesta B no es correcta. Aunque la respuesta C provee una conjunción, es del tipo que conecta alternativas cual no son presentadas en la oración. La respuesta D ofrece una preposición y no es correcta. La respuesta A es la única que ofrece una conjunción común que completa la oración, por esa razón es la correcta.

75. La respuesta correcta es la C.
Se necesita una interjección para completar la oración. Aunque la respuesta A es una interjección, según el tema del texto no es correcta. La respuesta B es verbo y no es correcta. La respuesta D es sustantivo y no es correcta. La respuesta C es una interjección apropiada según el tema del texto, y por eso es la respuesta correcta.

III. Carlota de Habsburgo fue la __76__ emperatriz mexicana. Coronándose como tal en la __77__ de 1860. Su __78__ imperial sería lo que hoy se conoce como El Castillo de Chapultepec. Sus últimos años de __79__ los pasó en Bélgica donde se convertiría en la mujer más rica del mundo.

76. (A) tan solo
(B) única
(C) único
(D) solamente

77. (A) tiempo
(B) centenario
(C) año
(D) década

78. (A) morada
(B) azul
(C) domicilio
(D) hogar

79. (A) Infancia
(B) Crecimiento
(C) Vida
(D) Juventud

76. La respuesta correcta es la B.
El sustantivo femenino singular necesita un adjetivo femenino singular para completar la oración. Aunque las respuestas A y C ofrecen un adjetivo singular, son masculinos y no son correctas. La respuesta D ofrece un adverbio y no es correcta tampoco. La respuesta B ofrece un adjetivo femenino singular, y por esa razón es la respuesta correcta.

77. La respuesta correcta es la D.
Según el artículo femenino singular posicionado anteriormente de la palabra que falta, se necesita un sustantivo femenino para completar la oración. Aunque las respuestas A, B, y C ofrecen sustantivos singulares, son masculinos y no son correctas. La respuesta D es la única que ofrece un sustantivo femenino singular, y por esa razón es la respuesta correcta.

78. La respuesta correcta es la C.
Se necesita un sustantivo para completar la oración. La respuesta B ofrece un adjetivo y no es correcta. Aunque las respuestas ofrecidas por las respuestas A, C, y D son sustantivos que llevan el tema del texto, dado que el texto se trata de la emperatriz mexicana Carlota, y los sitios donde viven las familias reales se les refieren como residencias, la respuesta que ofrece la respuesta C es la más apropiada.

79. La respuesta correcta es la D.
Se necesita un sustantivo para completar la oración. Considerando el tema de la oración, puede que la respuesta C signifique el fin de la vida y no es correcta. Por el otro lado, la respuesta. A puede que signifique el principio de la vida y no es correcta tampoco. Aunque la respuesta B ofrece un sustantivo, es muy general y no se refiere a ninguna etapa de la vida humana en particular. La respuesta D sí se refiere a una etapa de la vida en particular—la juventud, cual es cercana a la edad de adulto(a) a quien es el sujeto del tema, y por lo tanto más apropiada en ser la respuesta correcta.

IV. Ricardo es __80__ mejor amigo. A él le gusta beber __81__ de naranja cada mañana. Ayer me invitó a su casa después de que __82__ baloncesto. Él y yo __83__ fanáticos del jugador de baloncesto, Kobe Bryant.

80. (A) su
(B) el
(C) mi
(D) mí

81. (A) jugó
(B) jugo
(C) hugo
(D) gujo

82. (A) jugo
(B) jugó
(C) hugo
(D) hubo

83. (A) somos
(B) son
(C) soy
(D) es

80. La respuesta correcta es la C.

La respuesta correcta es la C porque se necesita un adjetivo posesivo para completar la oración. La respuesta B es artículo y no es correcta. La respuesta D ofrece un pronombre y no es correcta tampoco. Aunque ambas las respuestas A y C ofrecen adjetivos posesivos, según el tema del resto del texto, el adjetivo posesivo que ofrece la C es más apropiada que el que ofrece la respuesta A.

81. La respuesta correcta es la B.

La respuesta correcta la B, porque se necesita un sustantivo apropiado para el adjetivo «de naranja» para completar la oración. La respuesta A ofrece un verbo en el pasado y no es correcta. La respuesta que ofrece la C es nombre propio, le falta mayúscula y no es correcta. La respuesta D ofrece una palabra que no existe. La B es la única respuesta que ofrece un sustantivo apropiado para el adjetivo «de naranja» (jugo) y por eso es la respuesta correcta.

82. La respuesta correcta es la B.

La respuesta correcta es la B, porque se necesita un verbo singular en el pasado para completar la oración. La respuesta A ofrece sustantivo y no es correcta. La respuesta C es nombre propio, le falta mayúscula, y no es correcta. Aunque la respuesta D ofrece un verbo singular, es del tipo de tercera persona pretérito indicativo y no es correcto. La única respuesta que ofrece un verbo singular en el pasado es la B, y por esa razón, es la respuesta correcta.

83. La respuesta correcta es la A.

La respuesta correcta es la A, porque se necesita un verbo plural en primera persona para completar la oración, y la respuesta A es la única que lo provee. Vamos a revisar las otras respuestas: Aunque la respuesta B ofrece verbo plural, es en tercera persona, en vez de en primera persona, y por esa razón, no es correcto. La respuesta C ofrece un verbo en primera persona, pero es singular en vez de plural, y por esa razón, no es correcto. La respuesta D ofrece un verbo singular en vez de plural en tercera persona en vez de en primera persona, y por esas razones, no es correcta tampoco.

V. El señor Hernández __84__ prisa por llegar a su trabajo. Durante la última semana, __85__ tarde continuamente. La razón es que su alarma no ha estado __86__ . El señor Martínez __87__ un despertador nuevo mañana.

84. (A) padecía
(B) perece
(C) padece
(D) tiene

85. (A) ha llegado
(B) ha estado llegando
(C) llegó
(D) llegaba

86. (A) sonando
(B) sonado
(C) soñado
(D) soñando

87. (A) ha comprado
(B) compraría
(C) comprará
(D) a comprado

84. La respuesta correcta es la D.

Debido a que se necesita un verbo en el presente para completar la oración, la respuesta D lo ofrece. La respuesta A ofrece un verbo en el pasado, y por eso no es la correcta. Aunque el verbo que ofrece la respuesta B es en el presente, no es apropiado usarlo, dado el tema de la oración, y por lo tanto, no es correcto. Según el tema del texto, la palabra asociada con la respuesta C no es correcta tampoco. Por el otro lado, la palabra asociada con la respuesta D sí es asociada con el tema del texto, y por lo tanto, es la respuesta correcta.

85. La respuesta correcta es la A.

Se necesita un verbo perfecto en el pasado para completar la oración. La respuesta A es la única que ofrece tal tipo de verbo. Y aunque la respuesta B ofrece un gerundio en el pasado, no es correcta. La respuesta C ofrece un verbo indicativo pretérito, pero según el tema de la oración no es correcto. La respuesta D ofrece verbo indicativo imperfecto, y tampoco es el correcto.

86. La respuesta correcta es la A.

Se necesita un gerundio para completar la oración. La respuesta A es la única que lo ofrece, siendo la respuesta correcta. Vamos a revisar las otras respuestas: La respuesta B ofrece un verbo en el perfecto presente y no es correcto. La respuesta que ofrece la C, cual es la misma palabra que ofrece la B, más eñe cambia la definición totalmente, hacia un tema que no es apropiado para esta oración. Finalmente, aunque la respuesta D ofrece un gerundio, la palabra asociada con ella no es la más apropiada, dado el tema del texto.

87. La respuesta correcta es la C.

Ya que el tema de esta oración se trata del futuro, se necesita un verbo en el futuro para completarla. La palabra que ofrece la respuesta A es gerundio y no es correcta. El verbo que ofrece la respuesta B es indicativo y condicional, y no es propio para completar esta oración. La palabra asociada con la respuesta D es en el pasado y no es correcta tampoco. La respuesta que ofrece la C sin embargo, además de ser un verbo en el futuro, sigue el tema de la oración en total, y por esa razón es la correcta.

VI. **Ayer __88__ preparando chocolate caliente cuando de repente llegó mi hermano y me asustó, haciéndome gritar ¡Ay Dios mío! Y por eso __89__ todo el chocolate. Siempre __90__ mi bebida preferida desde que tenía siete años. Su sabor __91__ me encanta.**

88. (A) estaba
(B) estaban
(C) estaban
(D) estuviera

89. (A) me comí
(B) derramé
(C) hice
(D) preparé

90. (A) había sido
(B) será
(C) ha sido
(D) era

91. (A) amargo
(B) dulce
(C) agrio
(D) salado

88. La respuesta correcta es la A.

Según el tema de la oración necesita un verbo singular en el pasado en primera persona para que sea completa. La respuesta que ofrece la A es la correcta. Aunque el verbo asociado con la respuesta B es en el pasado, no es singular y por lo tanto no es correcto. La palabra que ofrece la respuesta C es singular y en pasado, pero no es en primera persona y no es correcta. La respuesta D ofrece un verbo subjuntivo imperfecto, y no es correcta.

89. La respuesta correcta es la B.

Según el tema que lleva la primera oración en la lectura, ésta—la segunda oración en la lectura—necesita un verbo en primera persona en el pasado para que sea completa. Aunque todas las palabras (y frase) que ofrecen todas las otras respuestas pueden ser categorizadas como verbos en primera persona en el pasado, el más apropiado es el que ofrece la respuesta B, ya que es el único que indica acción típicamente asociada con un asusto cual ha sido mencionado en relación a la primera persona en este caso, en la oración inmediatamente al anterior de la presente, y contribuye al flujo del tema de la lectura en total.

90. La respuesta correcta es la C.

Ya que en la última oración en esta lectura, el autor declara que le encanta el chocolate, en esta oración vamos a establecer esa idea por medio de un verbo en primera persona en el presente. La única respuesta que provee ese tipo de verbo es la respuesta C. Aunque las otras respuestas proveen verbos que pueden ser usados en primera persona, la frase y el verbo que ofrecen las respuestas A y D respectivamente son en el pasado y no son correctos. Y el verbo que ofrece la respuesta B es en el futuro y no es correcto tampoco.

91. La respuesta correcta es la B.

Se necesita un adjetivo para completar la oración. Debido a que la lectura se trata de chocolate, la respuesta que ofrece la A (amargo) no es correcta; la respuesta que ofrece la C (agrio) no es correcta; y la respuesta que ofrece la D (salado) no es correcta tampoco. Por lo general el chocolate es conocido ser dulce, y por esa razón, la respuesta correcta es la B.

Reading Part C: Reading Passages & Authentic Stimulus Material

92. ¿Qué objetos se observan en la imagen?

(A) Chocolates.
(B) Mesas.
(C) Lámparas.
(D) Vestidos.

La respuesta correcta es la C.
Según los objetos en la imagen, la respuesta correcta es la C.

93. ¿Qué acción realiza el sujeto?

(A) Bailando.
(B) Fumando.
(C) Leyendo.
(D) Escribiendo.

La respuesta correcta es la B.
Según la acción en la imagen, la respuesta correcta es la B.

94. ¿Qué colores se observan en la imagen?

(A) Amarillo, negro, blanco, y café.
(B) Rosa, amarillo, negro, y blanco.
(C) Amarillo, naranja, azul, y violeta.
(D) Rosa, naranja, azul, y violeta.

La respuesta correcta es la D.
Según la orden en cual los colores aparecen en la imagen, la respuesta correcta es la D.

KUKULKÁN
¿TRES EN UNO?
Después del reciente hallazgo de un cenote debajo el mítico templo de kukulkán en Chichén Itzá, se planea generar una nueva tomografía eléctrica tridimensional para explorar los secretos de su estructura, que podría alojar una tercera pirámide en su interior.
ENTRAR

95. ¿Qué edificio se muestra en la imagen?

(A) Un hospital.
(B) Una escuela.
(C) Una pirámide.
(D) Una iglesia.

La respuesta correcta es la C.
Según el edificio mostrado en la imagen, la respuesta correcta es la C.

96. ¿Qué se muestra en la imagen?

(A) Una noticia.
(B) El clima.
(C) Un programa basado en realidad.
(D) Una catástrofe.

La respuesta correcta es la A.
Según el tema del texto que aparece hacia el lado derecho de la imagen, la respuesta correcta es la A.

Las formas de estratificación social son sistemas cerrados y abiertos. En un sistema cerrado, la posición de una persona en la jerarquía social es adjudicada, las personas son asignadas a un estatus social más o menos arbitrario y permanente con base en características sobre las cuales no tienen control como género, edad, raza, etcétera.

97. ¿Cuántas formas de estratificación social existen?

(A) 1.
(B) 2.
(C) 3.
(D) 0.

La respuesta correcta es la B.
Según la información en la primera línea del texto, la respuesta correcta es la B.

Philipe Ariés piensa que en la actualidad la sociedad ha llegado a ser unisex. Los papeles son intercambiables, escribe, los del padre con la madre, también los de los miembros de parejas sexuales. La silueta de la mujer se asemeja cada vez más a la del hombre, se han perdido las pronunciadas caderas y la acentuada cintura de antes.

98. ¿Cómo es la silueta femenina hoy en día?

(A) Menos pronunciada que antes.
(B) Igual a la masculina.
(C) Con caderas pronunciadas.
(D) Es intercambiable.

La respuesta correcta es la A.
Según la información en la tercera y cuarta línea de la lectura, la respuesta correcta es la A.

Los aztecas tenían varios dioses que, según sus creencias, intervenían en los asuntos humanos y en algunas ocasiones hasta los dirigían. Eran dioses celestiales y a ellos estaban consagrados sus templos, siendo su dios principal Huitzilopochtli.

99. ¿Cuál es el tema principal del texto?

(A) Los aztecas.
(B) La religión.
(C) Los cuerpos celestes.
(D) Huitzilopochtli.

La respuesta correcta es la B.
Según la información en el texto en total, la respuesta correcta es la B.

Si la persona logra encontrar sentido al sufrir, hallará alegría en medio del dolor. El hombre conoce bien los sufrimientos del mundo animal; sin embargo, lo que expresamos con la palabra, «sufrimiento», parece ser particularmente esencial a la naturaleza humana.

100. ¿Cuál podría ser el título del texto?

(A) El dolor de los humanos.
(B) El sentido del sufrimiento.
(C) La alegría en medio del dolor.
(D) Los sufrimientos del mundo animal.

La respuesta correcta es la B.
Según la información en el texto en total, la respuesta correcta es la B.

De hallarse desocupado para el día 15 del actual, Claudio Bombarnac se encontrará en el puerto Usun Ada, litoral E. del Caspio. Allí tomará un tren directo a Gran Trasatlántico entre la frontera de Europa y la Capital Celeste Imperio. Deberá transmitir impresiones, redactar crónicas, celebrar entrevistas con personajes distinguidos en su camino, y señalar los menores incidentes por correo o telegrama, según sea necesario. El Siglo XX cuenta con el celo e inteligente actividad de su corresponsal a quien abre crédito ilimitado.

~ Julio Verne, Claudio Bombarnac.

101. ¿Cuál es el oficio del protagonista?

(A) Reportero.

(B) Escritor.

(C) Aventurero.

(D) Chofer de trenes.

La respuesta correcta es la A.

Aunque parte de ser reportero incluye la tarea de escribir, el trabajo de escritor no es la profesión exclusiva del protagonista. Por esa razón, la respuesta B no es la correcta. Considerando las acciones que se espera que llevará a cabo el protagonista, es claro que no es aventurero u chofer de trenes. Por esas razones, las respuestas C y D no son las correctas. Según el contenido del texto y las acciones que se esperan que va a llevar a cabo el protagonista, es claro que es reportero.

La cuenca del Pacífico

La cuenca del Pacífico cuenta con los más vastos recursos naturales del mundo, tanto marinos como terrestres, al punto de ser considerada, aún en nuestros días de febril industrialización, casi inagotable. Posee enormes cantidades de peces, mamíferos, crustáceos, moluscos y especies inferiores. El noroeste de la cuenca es notable por el salmón en los ríos Skeena, Fraser, y Columbia; en los mares de Japón y Okhotsk abundan el arenque, el bacalao, el atún, el bonito, el cangrejo, la langosta, y el camarón; y las aguas cercanas a Suramérica son también muy ricas en fauna marina. Por otra parte, los recursos minerales de la cuenca son de tal magnitud que se consideran prácticamente inagotables. Abunda la sal, el magnesio, el bromuro y en el subsuelo de las placas continentales se encuentra petróleo, gas natural y nódulos minerales en gran cantidad.

~ Torres, E., Moreno, R. et al., La cuenca del Pacífico, 1989.

102. ¿Por qué es notable la cuenca en el noroeste?

(A) Por su pescado.

(B) Por el salmón.

(C) Por los mares.

(D) Por el atún.

La respuesta correcta es la B.

Según la información en la cuarta y quinta línea del texto, la cuenca en el noreste es notable por el salmón, y por esa razón la respuesta correcta es la B. No es mencionado que la cuenca del noreste es notable debido a su pescado, el atún, o los mares, y por esas razones las respuestas A, C, y D no son las correctas.

103. ¿Por qué se considera inagotable?

(A) Porque no se cansa.

(B) Por sus extensos mares.

(C) Por sus vastos recursos marinos y minerales.

(D) Por su extensión que cubre desde Asia hasta Suramérica.

La respuesta correcta es la C.

Según la información en las primeras tres líneas, así como en la octava y novena línea del texto, la cuenca en el noreste se considera inagotable por sus vastos recursos marinos y minerales. Por esa razón, la respuesta correcta es la C. No se menciona que es porque la cuenca en el noreste no se cansa, o por sus extensos mares; ni se menciona que es debido a su extensión que cubre desde Asia hasta Suramérica. Por esas razones, las respuestas A, B, y D no son las respuestas correctas.

El término «estratificación social» es la división de una sociedad en capas o estratos cuyos ocupantes tienen accesos desiguales a oportunidades y recompensas sociales. La gente en los estratos superiores goza de privilegios que no están disponibles para otros miembros de la sociedad. La gente en los estratos del fondo enfrenta obstáculos a los que escapan los primeros. Kerbo afirma que en una sociedad estratificada la desigualdad social está institucionalizada; es decir, es parte de la estructura social y se pasa de una generación a la siguiente. Ciertos individuos y grupos ejercen más influencia, imponen mayor respeto, y tienen más grande acceso a los bienes y servicios que los demás. Hasta cierto punto, la gente acepta la desigualdad porque «así son las cosas . . .»

~ Gelles y Levine p.265

104. ¿Qué es la estratificación social?

(A) Los diferentes miembros que componen una sociedad.
(B) Es lo que en urbanismo se define como «gentrificación».
(C) Son los individuos que ejercen influencia.
(D) Es la división de la sociedad en diferentes niveles.

La respuesta correcta es la D.
Según la información en el texto, la estratificación social es la división de la sociedad en diferentes niveles, y por esa razón, la respuesta correcta es la D. La estratificación social no se define como los diferentes miembros que componen la sociedad, como «gentrificación», o como los individuos que ejercen influencia. Por esas razones, las respuestas A, B, y C no son las correctas.

105. ¿Cómo se puede definir aquella afirmación hecha por Kerbo Harold, en la que se establece que «en una sociedad estratificada la desigualdad social está institucionalizada»?

(A) Se puede definir como el «statu quo».
(B) Como una institución.
(C) Como un reglamento de leyes.
(D) Como una sociedad capitalista.

La respuesta correcta es la A.
Según la información en el texto, aquella afirmación hecha por Kerbo Harold, en la que se establece que «en una sociedad estratificada la desigualdad social está institucionalizada», se puede definir como «statu quo». No se puede definir como una institución, como un reglamento de leyes, o como una sociedad capitalista. Por esas razones, las respuesta B, C, y D no son correctas.

106. ¿Por qué la gente acepta la desigualdad?

(A) Porque les conviene.
(B) Porque es más fácil.
(C) Porque así es.
(D) Porque es menos costoso.

La respuesta correcta es la C.
Según la información en el texto, la razón que la gente acepta la desigualdad no es porque les conviene, porque es más fácil, o porque es menos costoso. Por esas razones, las respuestas A, B, y D no son correctas. La razón que la gente acepta la desigualdad es «porque así es». Por esa razón, la respuesta correcta es la C.

En mi segundo viaje a África Occidental conocí a bordo del barco a un hombre que se dirigía hacia aquellas tierras para trabajar en una plantación de plátanos. Me confesó que sólo tenía miedo a las serpientes.

Yo le dije que generalmente las serpientes estaban muy preocupadas por quitarse de en medio, y que era improbable que viera muchas. Esta información pareció animarle, y prometió que me avisaría si conseguía ver algún ejemplar mientras yo estuviera por el norte del país. Le di las gracias y olvidé todo al respecto. La noche anterior a mi regreso, mi joven amigo se presentó en su coche, muy excitado. Me contó que había descubierto un foso lleno de serpientes en la plantación de plátanos donde trabajaba, y me dijo que todas eran mías, ¡con tal de que fuera y las sacara! Yo acepté, sin preguntarle cómo era aquel foso, y partimos en su coche hacia la plantación. Para mi consternación, descubrí que el foso parecía una sepultura grande, de cuatro metros de largo, uno de ancho y unos tres de hondo, aproximadamente.

Mi amigo había decidido que la única forma en que podía bajar era descolgándome con una cuerda. Le expliqué apresuradamente que para cazar serpientes en un foso como aquel necesitaba una linterna. Mi amigo entonces ató una gran lámpara de parafina al extremo de una larga cuerda. Cuando llegamos al borde del foso y descolgamos la lámpara, vi que el interior estaba lleno de pequeñas víboras del Gabón, una de las serpientes más mortíferas de África Occidental, y todas ellas parecían muy irritadas y trastornadas, y alzaban sus cabezas en forma de pala y nos silbaban.

Como no había pensado que tendría que meterme en el foso con las serpientes, llevaba puestas unas ropas inadecuadas. Unos pantalones finos y un par de zapatillas de goma no ofrecen protección contra los colmillos de dos centímetros y medio de longitud de una víbora del Gabón. Expliqué esto a mi amigo y él me cedió con toda amabilidad sus pantalones y sus zapatos, que eran bastante gruesos y fuertes.

Así pues, en vista de que no podía encontrar más excusas, me até la cuerda a la cintura y empecé a descender al foso.

Poco antes de llegar al fondo, la lámpara se apagó y uno de los zapatos que me había prestado mi amigo, y que estaban demasiado grandes, se me cayó.

Así que allí estaba yo, en el fondo de un foso de tres metros de profundidad, sin luz y con un pie descalzo, rodeado de siete u ocho mortíferas y extremadamente irritadas víboras del Gabón. Nunca había estado más asustado. Tuve que esperar en la oscuridad, sin atreverme a moverme, mientras mi amigo sacaba la lámpara, la llenaba, la volvía a encender y la bajaba de nuevo al foso. Solo entonces pude recuperar mi zapato. Con luz abundante y ambos zapatos puestos me sentí mucho más valiente, y emprendí la tarea de atrapar las víboras. En realidad era bastante sencillo. Con un bastón ahorquillado en la mano me aproximaba a cada reptil, lo sujetaba con la horquilla y luego lo cogía por el dorso del cuello y lo metía en mi saco de serpientes. Había que tener cuidado de que, mientras estaba cogiendo una serpiente, alguna otra no se acercara serpenteando por detrás. Sin embargo, todo transcurrió sin incidentes, y media hora después había cogido ocho de las pequeñas víboras del Gabón. Pensé que ya era suficiente como para seguir adelante, así que mi amigo me sacó del foso. Después de aquella noche llegué a la conclusión de que capturar animales solo es peligroso si corres riesgos tontos.

~ GERALD DURRELL, *El nuevo Noé (Adaptación)*

107. ¿Qué necesitaba el protagonista para capturar las serpientes?

(A) Una cuerda, una linterna, y ropa gruesa.
(B) Una linterna, ropa gruesa, y un bastón ahorquillado.
(C) Una cuerda, un bastón ahorquillado, y un saco de serpientes.
(D) Ropa gruesa, un bastón ahorquillado, y un saco de serpientes.

La respuesta correcta es la B.
Según la información in el texto, el protagonista necesitaba una linterna, ropa gruesa, y un bastón ahorquillado. Y por eso la respuesta correcta es la B. No necesitaba una cuerda, o un saco de serpientes, y por esas razones, las respuestas A, C, y D no son correctas.

108. ¿Qué ropa es más adecuada para bajar al foso con las serpientes?

(A) Pantalones de mezclilla y botas.
(B) Zapatos negros y pantalón de lino.
(C) Pantalones gruesos y calcetines.
(D) Pantalones de lino y botas.

La respuesta correcta es la A.
Según la información en el texto, los pantalones de mezclilla y botas es la ropa adecuada para bajar al foso con las serpientes. Por esas razones, la respuesta correcta es la A. No se mencionan zapatos negros, pantalones de lino, o calcetines como ser adecuados para bajar al foso con las serpientes, y por esas razones, las respuestas B, C, y D no son las respuestas correctas.

109. ¿Cuándo sintió el protagonista más miedo?

(A) Al quedarse a obscuras.
(B) Cuando le dio frío.
(C) Al no tener una linterna.
(D) Al verse desprotegido.

La respuesta correcta es la D.
Según la información en el texto, el protagonista sintió más miedo al verse desprotegido. Por esa razón, la respuesta correcta es la D. El protagonista no sintió el más alto nivel de miedo al quedarse a obscuras, cuando le dio frío, u al no tener una linterna. Por esas razones, las respuestas A, B, y C no son correctas.

110. ¿Dónde estaban las serpientes?

(A) En una plantación.
(B) En un foso.
(C) En el desierto.
(D) En un lugar oscuro.

La respuesta correcta es la B.
Según la información en el texto, las serpientes estaban en un foso. Por esa razón, la respuesta correcta es la B. Las serpientes no estaban en una plantación, en el desierto, o en un lugar oscuro. or esas razones, las respuestas A, C, y D no son correctas.

111. ¿Cómo descubrió el protagonista ese lugar?

(A) Con la ayuda de un mapa.
(B) Por medio de su papá.
(C) Por medio de un amigo.
(D) Por el periódico.

La respuesta correcta es la C.
Según la información desde la quinta línea y la décima línea del segundo párrafo de la lectura, la respuesta correcta es la respuesta correcta.

Érase una vez un indio que abandonó la reserva y fue a visitar a un hombre blanco al que le unía una vieja amistad. Una ciudad grande, con todo ese ruido, esos coches, y tantas personas todas con tanta prisa, era algo nuevo y desconcertante para el indio. El piel roja y el rostro pálido paseaban por la calle cuando de repente, el indio le dio un ligero toque a su amigo en el hombro y le dijo, «¡Párate un momento! ¿Oyes lo que yo estoy oyendo?» El hombre blanco contestó, «Lo único que oigo es el claxon de los coches y el traqueteo de los autobuses. Y también las voces y el ruido de los pasos de los hombres. ¿Qué es lo que te ha llamado la atención?» «Ninguna de esas cosas. Oigo que en los alrededores hay un grillo cantando».

El hombre blanco aguzó el oído. Después sacudió la cabeza. «Te estás equivocando, amigo,» dijo. «Aquí no hay grillos. Además, aunque hubiera un grillo por aquí, en alguna parte, sería imposible oír su canto con todo este ruido de fondo.» El indio dio unos cuantos pasos. Se quedó parado ante la pared de una casa. Por esa pared crecía una vid silvestre. Corrió unas hojas hacia un lado, y ¡vaya asombro para el hombre blanco! Allí había, en efecto, un grillo, que cantaba con todas sus fuerzas. Y, cuando el hombre blanco vio el grillo, también pudo percibir el sonido que emitía.

Siguieron andando, y después de un rato dijo el hombre blanco, «Está claro que eras tú que podía oír el grillo. Tu oído está mucho mejor entrenado que el mío. Además, los indios tienen el oído más desarrollado que los blancos.» El indio sonrió, negó con la cabeza y respondió, «Te equivocas, amigo. El oído de un indio no es mejor ni peor que el de un blanco. Atiende, que te lo voy a demostrar.»

Metió la mano en el bolsillo, sacó una moneda de 50 céntimos y la dejó caer sobre la acera. La moneda tintineó al chocar con el asfalto, y las personas que se encontraban a varios metros de los dos amigos se apercibieron del sonido y miraron hacia todos los lados. Finalmente, uno la encontró, la recogió y se la guardó. Después siguió andando. «¿Ves?» dijo el indio. El tintineo de la moneda no era un sonido más fuerte que el canto del grillo, y a pesar de ello lo han oído muchas mujeres y hombres blancos y se han dado la vuelta al instante, mientras que el canto del grillo nadie lo oyó más que yo. No es cierto que el oído de los indios sea mejor que el de los blancos. Es simplemente que cada uno oye bien solo aquello a lo que está acostumbrado a atender.

~ Hetmann, F., Historia de pieles rojas.

112. ¿Cuál puede ser el título de la lectura?

(A) Los indios y los blancos.
(B) El indio y su amigo cantando.
(C) Un grillo cantando.
(D) El canto del grillo.

La respuesta correcta es la D.
Según los detalles en la lectura, la respuesta correcta es la D.

113. ¿Por qué dejó el indio su hogar?

(A) Porque su amigo lo motivó a dejarlo.
(B) Para conocer la ciudad.
(C) Para visitar a un amigo.
(D) Para ir en busca de empleo.

La respuesta correcta es la C.
Según la información en la primera y segunda línea del primer párrafo de la lectura, la respuesta correcta es la C.

114. ¿De dónde era el indio?

(A) De una reserva.
(B) De una pequeña ciudad.
(C) De una gran ciudad.
(D) Del bosque.

La respuesta correcta es la A.
Según la información en la primera línea de la lectura, la respuesta correcta es la A.

115. ¿Qué era lo que el indio oía?

(A) Una moneda.
(B) Nada.
(C) Un grillo.
(D) Coches.

La respuesta correcta es la C.
Según la información en la octava y novena línea del primer párrafo de la lectura, la respuesta correcta es la C.

116. ¿Qué era lo que el hombre blanco oía?

(A) Una moneda.
(B) Nada.
(C) Un grillo.
(D) Coches.

La respuesta correcta es la D.
Según la información en la sexta y séptima línea del primer párrafo de la lectura, la respuesta correcta es la D.

117. ¿Por qué oyó el indio ese sonido?

(A) Porque los indios tienen un oído más entrenado.
(B) Porque los indios estaban habituados a cazar.
(C) Porque los indios estaban habituados a percibir ruidos de la naturaleza.
(D) Ninguna de las anteriores.

La respuesta correcta es la C.
Según la información en la última línea de la lectura, la respuesta correcta es la C.

118. ¿Quiénes oyeron caer una moneda?

(A) Los transeúntes.
(B) Los indios.
(C) Los hombres blancos.
(D) Todas las anteriores.

La respuesta correcta es la D.
Según la información en el último párrafo de la lectura, la respuesta correcta es la D.

119. ¿Cuál de las siguientes palabras forma parte de la familia de la palabra, «sonar»?

(A) Resonar.
(B) Disonante.
(C) Sonido.
(D) Todas las anteriores.

La respuesta correcta es la D.
Según la información disponible por medio de diccionario, la respuesta correcta es la D.

120. «El hombre dejó la reserva». Sustituye la palabra, «dejó» por otra que tenga el mismo significado.

(A) Detuvo.
(B) Abandonó.
(C) Aguzó.
(D) Mantuvo.

La respuesta correcta es la B.
Debido a que el verbo, «abandonó» es sinónimo con el verbo, «dejó», la respuesta correcta es la B.

www.ingramcontent.com/pod-product-compliance
Lightning Source LLC
Chambersburg PA
CBHW062044090426
42740CB00016B/3017

* 9 7 8 1 6 0 7 8 7 5 7 0 3 *